馴服汽車

建構永續城市的主要策略

何沙崙 著

Contents +

推薦序

朱景鵬

　　2010年英國著名的考古學者布萊恩・法根（Brian Fagan）出版了《歷史上的大暖化》（*The Great Warming*）一書。書中詳細論述了八至十五世紀的全球氣候趨勢，並總結經驗指出中世紀的溫暖期已為人類如何因應氣候危機提供了經驗，同時科學界已提出論據說明地球將因人類的活動變得更熱。同樣地，拿過三座普立茲獎的著名專欄作家湯瑪斯・佛里曼（Thomas L. Friedman）在其《世界又熱又平又擠》（*Hot, Flat,* and Crowded）乙書中主張只有啓動綠能及綠色革命（Green Revolution），才能挽救人類及地球邁向永續發展。但是近二十年以來，全球化（Globalization）的推進，雖讓世界變得更近，但也讓世界變得窮者愈窮，南北貧富差距擴大，絲毫沒有讓不同區域的人類享有經濟全球化的果實，戰爭、貧窮、賭場式資本主義的襲擊、石油、天然氣、核能、生態浩劫等不一而足的發展，這個世界顯然不太平靜，經濟掛帥仍然一枝獨秀，遠遠超過對地球的愛護。

1972年6月在斯德哥爾摩舉行「聯合國環境會議」，1987年由挪威總理布薩特蘭（G. H. Brundtland）提出了「我們共同的未來」（Our Common Future），正式揭櫫了「永續發展」（sustainable development）的核心概念，1992年聯合國正式簽署了「21世紀議程」（Agenda 21），為生物多樣性、氣候環境、森林憲章、地球憲章作出了具體的努力。隨著京都議定書在2020的到期，聯合國氣候變遷綱要公約組織（UNFCCC）在2015年11月30日至12月12日在法國巴黎近郊舉行為期十三天的峰會，根據195個締約國一致通過的巴黎協定（Paris Agreement），同意將溫升控制在低於2°C，持續朝1.5°C努力，且已開發國家自2020年開始每年提供1000億美元作為氣候基金，支應各項減碳計畫。相較於過去，巴黎協定讓人類邁向低碳更安全的永續環境燃起了新的希望。

我國也在2015年7月1日正式公布施行「溫室氣體減量及管理法」，這是一個關鍵性的立法，象徵臺灣雖然不是UNFCCC成員國及締約方，但以高標準共同承擔與落實減碳的義務的重要宣示，對於臺灣的國際形象相當正面。不過，是否具有效率及效果，仍然有

待政策的落實與執行力,本書以使用「汽車」作為貫穿全書的核心,一方面藉由文明發展的過程談論可能發生的「文明的災難」或者淪為「文明的神話」;另一方面也藉由永續發展的時尚議題,提醒政治家們應認真思考環境永續的重要性。本書的核心「汽車」無疑地是一個思考的「工具」。

2015年9月,德國著名的福斯集團(Volkswagen)爆發了汽車廢氣排放醜聞事件,使得車輛排放的廢氣全部超標十到四十倍之譜,隨之而來的也包括日本三菱汽車集團也發生油耗造假舞弊事件。由此吾人可以省思,能源經濟或綠色經濟若未能有效監理,只怕是淪為一種永續發展糖衣下的另一類毒藥,其危害地球之劇更甚於以往。本書的結構以汽車文明及引發的嚴重問題作為開端,但以地球有限資源為隱喻,置入了被喻為「世界上最好的城市」美譽的巴西庫里奇巴市(Cruitiba),把永續發展城市的典範作了相當深刻的介紹,「事事領先,樣樣第一」加上市長(決策者及領導者)有理想、有創意、有遠見的聯結,創造了庫市的傳奇,本書將庫市的經驗總結為整體規劃中落實「永續」理念,適應國情的「適宜技術」的採用,以及生態環境教育的普及等三個環節,相當值得臺灣借鏡。此外,本書也把德國推動綠色交通政策的創新經驗:「馴服」而非「消滅」汽車,將公共運輸、單車與步行努力推進到可替代汽車的政策變成可行。顯然,國家政策的宣導可以使理想慢慢地實現,政策的協調性也值得我們學習。

當然,本書更重要的貢獻之一在於分析了綠色交通工具自行車政策的世界發展趨勢,本書引介了德國、荷蘭、丹麥、日本、美

國、英國以及我國的自行車政策，從數據中顯示出推動永續運輸已成為全球性的風潮。本書建議我國應將自行車系統正式納入交通建設之中，無疑符合世界潮流發展趨勢。

　　本書作者何沙崙兄早在1970至1980年代間先後兩度留學美國，歷任我國行政院研考會專員、科長、處長、研究委員及主任祕書等多項職務歷練。在其三十餘年公務生涯中，為我國行政革新、政府出版品管理、公報制度以及全面提升政府服務品質等多項攸關行政創新作法付出極大心力，尤以開啓我國公務機關引進「全面品質管理」（TQM）制度，貢獻卓著。我個人在2009-2012年擔任行政院研考會主任委員，有幸與沙崙兄共事，常得自於其觀念的指引，且受益於其創新的思維。沙崙兄2011年自公職退休後，仍致力於寫作，完成此書，邀我為本書寫序，甚感榮幸。本書為人類永續發展的文明進程提出了國際觀察與創新思維，十分有參考與閱讀價值。爰樂為序，以嚮介讀者。

＊朱景鵬，國立東華大學公共行政學系教授、歐盟莫內講座教授兼副校長；前行政院研考會主任委員。

推薦序

魏國彥

　　若說二十一世紀最常見、最熱門的字眼是「永續發展」，大約沒有什麼人會反對，隱隱約約，「永續發展」似乎是一個人類共同追尋的理想境界，也似乎是人類危機的解方，但是，說到定義，有些空泛無依；檢查這二、三十年來人類活動的實質，又似乎背道而馳；「永續發展」，這個名詞已經到了讓人麻木無感或無用「安慰劑」的地步。

　　我的好朋友，也是我在行政院研究發展考核委員會共事的伙伴沙崙兄，本書從「汽

車」這個角度切入，他非常嚴肅、負責任地來看清楚現代社會，也是未來人類的大問題，戳破一個現代神話，搖醒很多人這一輩子的夢想———開一部好車，是危害人類前途的。乍聽之下，「有這麼嚴重嗎？」，大約是讀者的當下反應，且聽他娓娓道來，你會被說服。至少，七年前我就被說服了，從那之後，我在台北騎車、搭乘捷運，身體力行，不再開車。他就是這樣寫著：「永續發展不是高調，更不應該只是空談，應該落實在各個政策層面，應該融入尋常百姓的生活之中」（第四章）。

他選擇了一個我們幾乎再熟悉不過的物件，也是許多人每天生活的必需品——「汽車」來當作「載體」，帶我們走一趟文明發展、城市建設、人類前途的思辯旅程，把原來抽象、打高空式的「永續發展」原理落實在每天的食衣住「行」裡面，逼問我們自己，到底如何實踐？如何抉擇？

汽車不只是一種交通工具，它曾經是上一個世紀美國、日本、西德等國家的主要工業，為之賺取大量外匯，也成為各個國家工業發展的典範模式，型塑了上個世紀風行草偃的汽車文化。汽車曾經是個人與國家的成功標誌，在美國，擁有第一部汽車往往就是成年禮，有濃厚的文化儀式意味，這樣的文化品味也蔓延到亞洲來，螢幕上的偶像、廣告的影音，日日在販賣鼓吹擁有汽車的尊榮、幸福與必要。人類，生活於汽車文化中日久，入鮑魚之肆，久而不聞其臭，不知其惡，不知其之所以危害，這本書點醒我們，人類命運危在旦夕，有一大部分原因，是因為我們從工業發展到城市建設，從環境污染、空氣惡化到全球暖化都是「汽車惹的禍」。

「汽車」成為癥結，必須以大眾軌道運輸及個人的自行車騎乘來取代，大約是我2009至2010年在行政院研究發展考核委員會任職時最深的體認之一，這要感謝沙崙兄的啟發。當時，他就是一個「自行車」主義者；他修長的身材、敏捷的行動，清晰的思考讓我很有興趣與他談話請教，過程中，我們主要的題目還是政府的「良善治理」，是他介紹我「全面品質管理」（Total Quality Management，TQM）的相關概念及圖書，並闡述如何導入政府的服務效能改善。

　　當時我們研考會另外一項新興業務就是評比馬英九總統全面提倡的全國各縣市自行車道建設，我因受命有數個月督導該業務，因而和「何研究委員」到各縣市實際體驗其新完成的自行車道。一天下午，我們馳騁在新竹城郊，沙崙兄從自行車道說到城鄉建設，我們談到中部某著名城鎮，他明白表示，反對其核心「老街」部分的道路拓寬，他說：「其實，交通堵塞也有好處的，這樣會使得當地減少汽車流量，居民也就不急著買車」。我第一次聽到這樣的話，坦白說，有些詫異，因為，我以為，減少交通壅塞是政府的責任，提高道路服務水平不正是我們評估各地方政府的績效考核指標嗎？從那之後，我也開始思考交通建設與城市發展的問題，後來我到台北市擔任「研究發展考核委員會」主任委員，有機會參贊城市的交通建設的規劃、執行與評比，理念上與市長郝龍斌非常契合，他曾經擔任行政院環保署長，強調都市景觀之美與環保，任內推動「台北好好看」、「城市花博」、「一年一條捷運線完工」等政策，也都成功。最成功的任務之一是我們致力於信義路的動線與路廊改

造，郝龍斌市長在捷運信義線完工通車之前花了很大功夫拓寬信義路的行人步道及自行車道，分段完成車道動線導引、街道家具設置，「交通黑暗期」當時引來許多市民抱怨。回頭看，當時的短痛帶來了長遠效益，今天的信義路，成為平行於仁愛路的另一條台北市漂亮的林園大道，而交通功能完全保留，路面不塞車，地下的捷運每兩分鐘一班，運送大量旅客。信義路的林園大道的花木之間，行人遊倘穿梭，或步行；或騎車，和諧的人本交通，賞心悅目，既是科技，也是人文，更代表著一種新的價值取向，城市標竿，引來無數讚嘆。對於本書所描繪的交通境界心儀的讀者，可以把信義路當成一個實驗案例來考察。

我受沙崙兄的啟發很多，他在本書揭露的一些想法也與我後來擔任環保署署長的一些環境治理的基本理念相契合，也因此讀了些文獻，以下以「附驥尾之後」的心情野人獻曝一二，作為本書的參照或呼應。

汽車與城市

據說輪子起源於八千年前的美索布達米亞，不過，考古證據表明最早的車輪在俄國境內發現，有五千年歷史。有了車子以後，人們可以遠征，可以開拓，文明得以散播，可以說，車輛是文明蔓延的起源，也是拓殖、佔領、侵略的張本，道路鋪設到哪裡，文明的觸角也到哪裡。牲畜與車輛的配備，加上道路的建設與標準化，就成為部族擴張的重要根據，中國的秦始皇最重要的政績之一就是「車同軌」，羅馬帝國的道路與馬車造就了帝國的財富與榮譽。

而現代城市的蔓延則是汽車的產物，美國永續發展及節能減碳的討論中的一個重要論題就是人們居住區域的集中或發散的問題，二十世紀美國汽車工業發展及汽車文化的浸淫已經把城市不斷向郊區延伸，老城市的城中區老舊後常被棄置，除了商業大樓集中的「下城」有著更新或改建的現代面貌，城中居住區多半老舊破敗，淪為買不起汽車的弱勢族群困守的貧民窟，中產階級則往郊區移動，新興城鎮像漣漪一樣不斷向郊外擴張，這造成了美國大小城市不斷平面擴張，更加重了交通運輸的需要，汽車數量也扶搖直上。統計顯示，美國九十八個都會區，其中超過一半的城市居民的工作散佈在市中心十英里以上的地區，民眾開車去上班、購物，經常還穿梭於都會區對角線的兩端。九零年代初期，我在美國耶魯大學任教，工作於破敗的「紐海芬」城中區，而居住於城郊的「北海芬」，每日開車通勤，冒險穿過城市邊緣販毒與搶案頻傳的社區，因為那裡是上下高速公路所必經，深夜時分，我倦鳥歸家，在那裡碰到毒販攔車，警車追逐，暗巷槍聲，每天提心吊膽，深深體會到，十分鐘車程分野出天堂與地獄。

　　道路建設也成為增加公共投資，提振國內經濟，厚植加乘效果的靈丹妙藥。一九二〇年代末期。美國已經有二千三百萬輛汽車在路上奔馳，一九二九年經濟大衰退，羅斯福總統新政投資公路工程，解救失業人力，並造就後來的美國經濟復甦，諾貝爾文學獎得主史坦貝克（John Steinbeck）的著名小說「憤怒的葡萄」裡面，奧克拉荷馬州的失業農民就是沿著公路之母（Mother Road）——國道66號——前往加州；南加州蛛網式的城市與汽車依賴也從那時

候逐漸成形，洛杉磯的空氣污染，城市霧霾在七零年代嚴重爆發。公路四通八達，更加速了汽車的便利性、實用性，鼓勵了城市攤平式的擴張，這在全美各地迅速發展，近年，中國和平崛起，似乎也複製同樣的模式。

城市的形貌與交通方式密切相關。我在台北市研考會擔任主任委員時也主管市民熱線「1999」，每個月我們會接到將近二十二萬通電話，在交通方面，最多的陳情抱怨是違規停車與汽車拖吊。我研讀城市發展歷史，台北市的發展最先沿著河流及港埠（艋舺、大稻埕），然後由西向東，並由二度空間的平面走向三度空間的立體。台北市參加全球的「永續城市」評比，我們的單位面積人口數格外令人咋舌，例如，大安區的人口密度近乎每平方公里三萬人。大台北區人口密集居住了將近四百四十萬人，整個城市有良好的捷運與公車系統，這在西方評審的眼中是了不起的表現，充分展現密集居住的好處，因為二十世紀以來，聯合國為永續發展所提出的「二十一世紀議程」（Agenda 21）認為城市是永續發展的最重要節點（nodes），而城市的密集居住能夠高效率地照顧市民的食衣住行育樂，卻不用花費太多的水泥、汽油及時間，是達成永續發展的最佳策略，因此大力鼓吹「密集性」（compactness），在這個項目上，台北市得分甚高。

關於居住密度和城市的「二度空間與三度空間」的形狀當然是所有都市計劃研究者必然面對的問題，而市民如何在城市中或城市間移動，就成了都市計劃及建設裡的重要關鍵。

就西方而言，許多經典著作為「理想城市」走了一條漫漫長

路，曲折迂迴，我們的都計學者受教於不同的年代與學派，也就帶著不同的學理或偏見來建設我們的城市，一路走來，我們的城市美學多樣，互相扞格，前後矛盾。例如古典的霍華德（Ebenezer Howard）於一八九八出版的《明日的花園城市》（*Garden Cities of Tomorrow*），出於他對於當時工業革命後燃煤所帶來的烏煙瘴氣的痛惡，而描繪出在都市郊區建設出仍具田園風光的衛星小城鎮，間接促成了歐美許多城市在二十世紀向外攤平、蔓延式的發展。

汽車依賴

如同作者沙崙兄在「導言」中提到，西方作者從汽車觀點切入談永續發展的也不乏其人，其中紐曼（Peter Newman）與肯握司（Jeffery Kenworthy）從上世紀1989年至2015年連續有三部作品問世，他們的著作也是我長期關注的對象。

1989年的《城市與汽車依賴》（*Cities and Automobile Dependence*）以「先知」的姿態先觸碰了城市永續的關鍵問題：交通與汽車依賴。他們探索在新起的「資訊時代」中交通的角色，值得一提的是，馬英九擔任台北市長的時候，也注意到了這個趨勢，提出「以網路代替馬路」。該書預測了交通需求與工具的可能變化，也檢視了汽車在城市治理方面所衍生的各種問題，如空氣污染、固體廢棄物、道路開闢、用地取得、水源保護與管理，綠化。種種問題，都與城市設計及汽車依賴有關；如果能破除汽車依賴問題，城市環境的惡化與越來越難解的城市困境也因此可迎刃而解。「汽車依賴」儼然是問題的總關鍵。這也是這本書第二章的重點，

沙崙兄的利害之處在於他把這個論述升高到第三章的「公有地的悲劇」，寫得非常精彩，其實，今天我們談到所有的環境保護問題，萬變不離其宗，都可以從「公有地」的公共資源濫用與管理來分析，這章非常精彩，讀者千萬不可錯失。

紐曼與肯握司在1999年繼續發表《永續與城市：克服汽車依賴》（Sustainability and Cities: Overcoming Automobile Dependence），他們大聲疾呼，城鄉建設的規劃者要負起責任來，要超越汽車依賴。2015年他們再以《終結汽車依賴》（The End of Automobile Dependence）為結，做為「汽車與城市三部曲」的最終章。在最新的這一本書中他們更為樂觀，他們認為人類已經到了汽車使用的最頂端，從今而後，城市的汽車依賴就要一步一步冰消瓦解了，因為已有更多的城市興建出綿密的軌道系統、捷運化公車、自行車道系統，新的「中心城市」的概念已經形成並付諸施行，發散型的城郊擴張趨勢已經被逆轉。墨爾本、西雅圖、芝加哥、紐約都看到這樣的新形式的城市建設與治理，城市居民更多使用自行車與步行，在城市中移動；人們搭乘地鐵與輕軌電車，甚至不必擁有自己的車輛，因為城市裡的共用自行車系統非常方便（像台北市的UBIKE）。不厭其煩的，兩位作者不斷強調規劃者的角色，唯有規劃人員能夠先聲奪人，引領時代，找到對的方式加速改造城市，他們整理了四十四個城市的資料，呈現各城市如何從依賴汽車到遠離汽車的不同軌跡，展現出城市更為永續的成長之途。

回頭看眼前這本書，他選擇以「巴西庫里奇巴市（Curitiba）的快捷公車系統（Bus Rapid Transit, BRT）」（第四章）、德國老礦

業城市弗萊堡（Freiburg）的綠色交通（第五章），及世界各國的自行車政策（第六章）等實際案例的介紹與分析來勾勒如何使交通部們成為永續發展的助力而非阻力。

我看了本書，才知道，做為全球典範的永續城市，庫里奇巴市在50年代時只有三十萬人口，到了2000年城市人口已突破兩百二十四萬人，與台北市的人口增長歷程相似，可以拿來當作一個很好對照組。該市的快速公車系統全部由三百四十條快速公車專用道構成，有地面地鐵（Surface Subway）之美稱，幹道上每分鐘一般車，一班車可容納到兩百七十八人，類似捷運的等車與上下車設計，使載運非常迅速方便。貫穿於此交通設施背後的理念——簡單、永續、尊重多元族群同時也解決了諸多市政問題，如水患治理、景觀、產業等，他們所倚重的是一些「小而美」的「中庸技術」（intermediate technology），事實上，城市治理並不是每一件事都需要走向最尖端、昂貴的先進科技。這樣的理念與設施逐漸被台灣一些城市學習與應用。

新氣候經濟

本書最後兩章提升論述的高度，總結前面三章實際案例所欲鋪陳的永續城市建設的藍圖與作法，第七章強調「都市規劃」作為先導步驟的重要性，必須要有想到百年後的城市生活的前瞻性，必須注入循環經濟、宜人居住，從設計開始導向「零廢棄」等元素。第八章，拉回到台灣的現實，對於這個島上問題叢生，但希望根苗此起彼落的城鄉發展提出策略建議。這些書寫，再度見證沙崙兄「一

日研考人，終生研考人」的公共知識份子的性格與高等政策研考官員的訓練。

本書的最後這兩個篇章，可利用目前興起的「新氣候經濟」的角度來概括。「新氣候經濟」（New Climate Economy）認為城市有高度的集合性，而使得居住其中的人對於其他人、物料、服務、資訊有更高度的可及性（accessibility），配置得當的話，則城市居民的平均國民所得，以及個人生產力就會更高。為了增進「可及性」，明智的交通系統變成城市發展的關鍵，統計顯示，全球旅客的旅程中，有百分之六十是城市中的移動。人口集中、城市化的趨勢近年突飛猛進，從本世紀初到2030年，城市化的土地面積將增加三倍，在都市中移動的交通量到2050前也將增加三倍，因此，花在城市交通的能源使用量，及交通規劃或處置不當所帶來的環境衝擊將十分驚人。

每個城市的幾何形狀，取得各種物資或服務的空間距離（與城市規劃與設施配置有關），以及生活水平、交通工具私有或公有服務發展的歷史決定了各城市的交通樣貌，私有化的例子例如越南河內、胡志明市以摩托車為主要機動工具，城市為之壅塞；美國的洛杉磯，情況與其相似，只是，交通工具換成汽車，城市幅員更為遼闊。許多亞洲城市則發展以公車為主的公共交通，但道路系統投資較少，城市也車滿為患，例如馬尼拉、曼谷、雅加達、德里，隨經濟及人口成長，交通堵塞越來越嚴重。另方面，大眾運輸系統的建設、鼓勵自行車等政策，則造就了另一些城市風貌，例如中國的上海、北京、濟南、鄭州等城市；歐美國家中特別強調自行車系統的有阿姆斯特丹、哥本哈根、牛津等（見第六章），城市乾淨、交

通暢便；而較高度大眾捷運（地下鐵）系統的城市則有香港、新加坡、台北、東京、倫敦、巴黎、蘇黎世等。也有些城市，抑制私人運具，投資於公共交通，例如哥倫比亞首都波哥大、中國濟南、印尼雅加達、奈及利亞的拉哥斯（Lagos），以及本書第四章提到的典範城市——巴西的庫里奇巴市，則以快速公車捷運（BRT）為主。

城市發展的模式很大程度決定了交通行為，當城市向郊區迅速擴張，私人擁有的汽車成為一個最為方便有效的工具，也成為社會經濟地位的象徵（這正是過去二十年來台灣發生的實況），然而，這種發展換算成每個人所需要的停車與行車空間是相對高的，很快就讓新擴張出的城市空間變成擁擠喧囂，也就形成城市進一步向周邊擴張的內在動能，而大眾軌道運輸所要求的人口密度及運量就遲遲不能達到，兩者之間形成互為消長的緊張關係，近年台中市的發展，就走入這樣一個矛盾緊張的關係，以致前後任市長（胡志強與林佳龍）在公車、BRT、大眾捷運的選擇間出現了反覆，作為新成為院轄市大台中市，由原來的台中市、台中縣的合併而成，城鄉混合的結果，打亂了原來各自發展與受限的格局，政治人物與草根民意代表的慣性與懶惰，仍延續原來的論述，城市規劃與投入一時亂了手腳。

同時間，在國家層次，台灣2017年最熱的議題是「前瞻基礎建設」，朝野討論往往淪為「綁樁」、「安撫諸侯肉桶」等嫌疑攻防，變成「形而下之」的口水戰。其實，不妨以「台灣城市化過程中城市規劃與交通建設」的角度來評析，我認為，加強軌道建設的方向是對的，但另外的配套應該是限制私人汽車運具（如增加費

率、稅率、管制購車條件，見第三章）。在這樣的辯論煙硝中，這本新書提供了一個思考的架構，也帶來一股清新的思維，預示著綠色與永續的可能。

結語

本書的寫作，既理論、又實際，介乎學術與通俗之間，言必有徵，他引證的著作很廣，有許多西方的現代經典著作，但文字仍平順近人，是非常好的學者型的普及書寫。「馴服汽車」這本書也提供一些網路連結，讓讀者可以從網路世界裡快速看到相關的影音媒介，如youtube短片等。

二十世紀中後期以來，從科學界開始，延展到各社會人文學科，多數學者已接受了學術進步及社會變革的一個鐵則，那就是「典範轉移」（paradigm shift）。在問題累積之後，眾說紛紜、徬徨無解之際，該主題或學科所需要的就是一場「典範轉移」的革命，這本書就是一個「典範轉移」的典型作品，他帶領我們打破汽車文化的迷思，戒除私有汽車依賴，探索出兼顧文明發展與環境保護的行動方案，鼓勵你我以市民的力量共同投入都市規劃與建設，並在其中身體力行——騎車、步行、使用合宜的大眾交通工具，共同開創人類文明更為可喜、可愛、可持續的生活風格。城市可以可愛，也可以富庶，但，富庶的是我們與自然的親近，而非私有汽車風馳電掣，滿城煙塵。

*魏國彥，台灣大學地質科學系暨研究所教授，前行政院環保署長、行政院研考會副主任委員、台北市研考會主任委員。

推薦序

藍武王

　　本書蒐集許多國外推動「宜居」城市與「永續」交通的個案典範，包含荷蘭、丹麥、德國、英國、美國、巴西、日本、新加坡等，是都市計畫及交通主政人員，國土開發及交通決策人員，各級民意代表，以及相關研究人員必讀的寶典。

　　個人特別推崇本書的兩個個案典範，其一為巴西「永續之都」庫里奇巴（Curitiba），市街建築的發展與大眾運輸系統合併規劃，市中心商業區以五條主幹道伸

展而出，住宅及工廠就沿著主幹道周邊興築，發展成條狀的走廊地帶。五條主幹道上規劃設置公車專用道，以高容量多節公車（一班車最多可容納兩百七十八人）、密集班次（每一分鐘一班，尖峰時間甚至縮短為半分鐘）、路口有優先通行權方式，行駛快捷巴士系統（Bus Rapid Transit, BRT），乘客進出候車站台閘門刷卡，加上多車門設計，大幅提升乘客上下車效率，因此有地面地鐵（Surface Subway）之美稱。

其二為德國「環保之都」弗萊堡（Freiburg），著重輕軌廊道沿線高密度開發，沿線採住商混合設計，人們可以更方便利用步行或騎單車，獲得日常生活的必需品。土地使用計劃強調大眾運輸、步行與單車優先於小客車的重要性。弗萊堡成功地保存城市的歷史特質，同時提升生活品質，更具有居住工作與觀光的吸引力，主要歸功於「馴服汽車」的交通政策：（1）大幅度限制汽車禁入市區；（2）提供方便、負擔得起、安全的公共運輸；（3）嚴格限制土地利用的形式，將之導向捷運、單車及步行的設施。

庫里奇巴令人印象最深的成就，在於運用簡單的哲學理念，追求永續（sustainability）、移動（mobility）與多元文化認同（identity），加上堅持不懈的實驗與改進，終於使得發展中國家也能創造出超越已開發國家的城市，成為當代都市永續發展的典範。從德國推動綠色交通政策的經驗顯示，最可行的方法是馴服汽車而不是消滅它；同時公共運輸、自行車與步行一定要改進到可替代汽車的可行方案，讓限車政策在政治上變成可行。

反觀汽機車急遽成長的台灣，在道路面積相對增加較緩的情

形下，已經造成到處可見的交通壅塞，停車位不足，尤以都市地區最為嚴重；所衍生之交通事故、空氣污染及噪音問題，一直嚴重威脅國人健康、生命安全與居住安寧。中央的發展策略是公路先於鐵路，地方則以拓寬車道、壓縮行人空間為能事，對於私人運具的需求管理幾乎束手無策或放任不管。以市區路邊停車為例，因中央開放機車停放人行道的錯誤政策，以及地方政府長期缺乏明確的政策指引和執法決心，導致積弊叢生、積重難返。最為一般人詬病者，首推樓下住戶商家把門口的路邊空間當成自家的私用車位，當車輛駛離時就搬出機車、盆栽、家具等繼續佔用，以確保車輛返回時有位可停，剝奪了樓上住戶及其他里民、訪客的停車公平性。更甚者，絕大多數的狹窄巷道，民眾寧願犧牲行人、輪椅族、嬰兒車、自行車或消防車、救護車之通行，只圖自己停車方便。當交通主管欲繪設標誌、標線禁止停車，或劃設停車格位納入收費管理時，民意代表及居民常群起抗爭。我們不禁要問，巴西的庫里奇巴、德國的弗萊堡能做的，台灣能嗎？

誠然，汽車的文明帶給人類生活上極大的便利，擴展了人類的活動範疇，也創造了無數的經濟活力。隨著國民所得的增加，各國機動車輛（尤其是私人小汽車）的持有與使用，亦不斷地成長，傳統的交通政策幾乎都以增加道路供給加以因應，並採行「以車為本」的道路空間設計及分配概念，終究陷入「城市不斷擴張，活動旅次越來越長，道路越壅塞，市區停車越困難，步行與自行車騎乘空間越險惡，交通傷亡事故越頻繁，能源消耗越多，噪音與空氣汙染越嚴重，土地空間掠奪越趨惡化，以及社會越不平等」的負向循

環。許多巨大都市（mega city），諸如墨西哥、洛杉磯、曼谷、羅馬、雅典、巴黎、雅加達等，皆面臨相似的困境。

　　其實，步行乃人類最可靠、安全、環保、健康的移動方式，惟其移動速度低，活動範疇相當有限；自行車也是可靠、安全、環保、健康的交通形式，其移動速度比步行快，兼具省時、省力優點，活動範疇也較大，然而二者卻在各國交通政策中長期受到漠視，主政者未將道路空間優先分配給步行和自行車，導致步道與自行車道系統不夠健全，且未與大眾運輸場站作緊密連結，因此人們一旦養成使用及戶性高、移動性強的私人運具習慣，似乎就遺忘了步行與自行車兩大基本交通形式的重要性。

　　國外許多巨大都市在經歷機動車輛氾濫使用所帶來的各種環境崩壞後，才又開始反思如何重塑「宜居」的緊緻城市（compact city）和「永續」的交通發展策略，於是將「以車為本」的傳統道路規劃及空間設計，改為「以人為本」的理性思維，一方面積極發展捷運及密集的公共交通等大眾運輸系統，並大力推動自行車計畫，將自行車當成整合都市旅程最後一哩的優先運具，在市中心商業區或住宅區，更保留寬闊的行人活動空間（徒步區、廣場、綠地），另一方面也積極推行交通寧靜（traffic calming）計畫，在市中心商業區或主要住宅區，限制車輛行駛速率，甚至禁行小汽車（car free）。

　　從本書介紹的各先進國家成功推動「宜居」城市與「永續」交通的實務經驗，帶給台灣最大的啟示是，發展班次密集、運價低廉的軌道運輸和公共交通系統，規劃充足的行人空間和自行車系統，

並與各大眾運輸場站作緊密連結，同時降低私人機動運具的方便性，並增加其持有及使用成本，終能誘導更多民眾以步行或騎乘自行車方式轉乘大眾運輸系統，有效減少機動車輛的使用，促進民眾健康與社區認同，提升生活環境品質。

台灣正邁向已開發國家之林，私人機動運具仍會隨國民所得的提高而繼續成長。若持續採傳統的交通政策，一味地增加供給（增闢道路、拓寬車道、增加停車位），而未採更嚴格的需求管理（限制或禁止小客車、機車）措施，勢必逐漸步上國外巨大都市機動車輛氾濫使用所帶來的環境崩壞後塵。為了不讓所謂的「公有地的悲劇」發生，多興建立體道路、多闢立體停車場，讓私人運具變小、讓引擎更具效率等等，或許能有暫時的舒緩，但並無法解決道路壅塞與環境汙染問題。唯有努力學習國外的個案典範，汲取其成功的發展經驗，重新定位大眾運輸導向（Transit-oriented）的土地利用規劃，以及永續的交通發展與管理策略。在交通施政方面，把大眾運輸、行人和自行車的優先性，擺在私人運具之前。一方面要重新配置有限的道路空間，讓人行步道和自行車道變成道路網最基本、最重要的單元，並與大眾運輸場站作緊密連結；另一方面要教育民眾理性思考，擴大公民參與，讓限制私人機動運具的各種措施，在政治上變成可行；最後，當各種電動或氫燃料電池車輛科技在市場上更臻成熟時，政府即應全面推廣並取代排放廢氣的車輛，果如此，台灣要實現「宜居」城市及「永續」交通才能指日可待。

＊藍武王，美國柏克萊加州大學運輸管理博士，交通大學榮譽退休教授，台北市市政顧問。

自序

何沙崙

　　在國立政治大學時，我主修的是機關組織理論，民國六十五年考取教育部兩年制的公費留學，到美國南加州大學攻讀碩士學位。在南加大時，巧遇羅慕斯教授（Professor Alberto Guerreiro Ramos），讓我進入到一塊嶄新的領域，開啓了我對經濟與社會發展理論的寬闊視野。回國後，公共行政系主任張潤書教授邀請我回到母系兼課，主授「行政生態學」，一直到退休為止。

民國六十八年到行政院研究發展考核委員會任職，於七十二年間，行政院孫運璿院長開啓一項「高級社會科學人才培育方案」，我有幸考取先驅計畫，當時只錄取十四人，只給三年期限就要返國，未能完成學位，甚是遺憾！後來，第一屆時可自費延長兩年。我到美國匹茲堡大學攻讀的是經濟與社會發展理論。

　　在系上開課的最初一年期間，我開始著手翻譯威廉‧奧佛斯（William Ophuls）「生態學與匱乏政治學」（Ecology and the Politics of Scarcity），這是一本以生態觀點批評美國政治經濟制度與思潮的書，講述的是生態匱乏（ecological scarcity）的觀念，也讓我見識到地球資源有限的事實。之後，我也從事永續發展城市的研究，由於公務繁忙，偶而會在報章雜誌上發表短文，看見建構永續城市的的主要策略，就是要擺脫汽車的禍害。

　　2012年聯合國永續發展大會上，烏拉圭的總統荷塞‧穆西卡（Jose Alberto Mujica Codano）一番振聾發聵的演說，驚動了全世界。他說，如果印度家庭要與德國家庭擁有相同的汽車數量，地球會變得如何？講得更清楚一點，世界上的資源可否負擔得起？地球上有七八十億人口，要人人享有西方式的奢華生活，是否有可能實現？這些都是市場經濟與競爭所造成的惡果。人類要的是幸福，幸福才是最重要的寶藏呀！2013年《經濟學人》指名為年度代表領袖，《外交政策》推崇為世界百大頂尖思想家。

　　完成此書，也了了一番心願，兩度公費留美，曾許諾回國後要克盡一份讀書人的職責，也要為學界略盡綿薄。本書的完成要感謝很多人，首先要感謝的是，我在行政院研考會服務時的長官，朱景

鵬副校長（國立東華大學），魏國彥教授（台大地質系），還有在高級社科人才方案中與我同屆的藍武王教授，在百忙之中為我寫推薦序，真是感恩之至；也要感謝，為我國政府出版品推廣不遺餘力的秀威出版公司宋政坤總經理，負責本書編輯印製作業的鄭伊庭經理，沒有他們的大力協助，本書就沒有可能在最短期間內，提早問世。最後，也要感謝我的家人，一直給我鼓勵與支持，讓我可以順利地完成此書。

導論

　　現代文明帶給社會的進步是全面性的，不但影響我們的生活方式，也改變我們對世界的整體認知。雖然，這種進步是普遍的現象，「現代化」也是現今世界各國所追求的目標。但是，我們對社會與經濟發展的觀念有甚麼問題，很少人說得清楚，講得明白，更多的學術討論只有讓我們更迷惘，更困惑。

　　本書的主要目的，就是希望透過日常生活所使用的「汽車」，來檢視我們的經濟與社會的發展觀念。如果說，文明的困境在於我們的觀念是否正確，如何看待汽車的使用問題是最為明確不過的了。汽車是我們現代

社會的問題，也是未來人類社會的問題。我們應有正確的觀念。來看待汽車所代表的進步發展觀，汽車對現代社會的影響是非常深遠巨大的，我們應該對其有深入而廣泛的探究，如其不然，我們很難從進步的陷阱中跳脫出來。

學術界以及「有識」之士往往在討論「我們只有一個地球」，新聞廣播不斷在述說地球暖化與生態浩劫的警告，但是這種警告又有何種意義？我們看到的只是談話卻沒有行動，述說地球即將面臨災難的人，在行動上將會如何做一些轉變？我們可能不曾感受到地球生態的破壞，主要是我們仍活在「現代化的神話」裡。

筆者在1981年時，曾翻譯威廉‧奧佛斯（William Ophuls）的著作《生態學與匱乏政治學》（*Ecology and the Politics of Scarcity-prologue to a political theory of the steady state*），奧佛斯這本書是改寫他的博士論文，引進新的生態政治學觀念，對美國社會的政治經濟思潮做一番生態觀點的批判，到1992年，又與另一位學者合著改版，他在序文中寫道，美國並未走向較合乎生態長久價值的社會，反而愈行愈遠。

詹姆斯‧孔斯特勒（James Howard Kunsler）在克勞福德（J. H. Crawford）的著作《無車城市》（*Carfree Cities*）序言中寫道：自20世紀下半葉之後，在美國發生巨大而邪惡的轉變，我們將美麗新世界的地景，轉變成制式汽車的貧民窟（Slum），在這一個過程中，我們創造的每日生活環境，變成生態的大災難、沒有未來的經濟、毒化社會，以致造成精神上的墮落。[註1]

談論永續發展成為一種學術界的風尚，也成為流行的環境議

題，但是很少有政治家認真地去面對這些問題，並深入思考他們所處的世界，應該如何走向永續發展之路。談論汽車的書不少，談論永續發展的書更多，但是以汽車當成中心主題來討論永續發展是一種新的嘗試，利用一種日常生活隨處可見的發明，讓我們很容易了解到，發展觀念所談論的抽象觀念到底指涉的是些什麼問題？^(註2)

汽車文明的普及性

上個世紀，最能夠表彰人類進步活動的特色，就是汽車文明。雖然汽車對於現代化社會，有很深遠的影響。但是最令人驚訝的是，汽車文明很少受到關注，它對於政治社會的影響，是無與倫比的。但是，對於環境非常關切的人士，也很少注意到，汽車所帶來的問題。

對於交通問題，確實可見於人口生態學，都市政治經濟學，及地區發展的理論，但是卻沒有想到要從事合理的處理，或是針對交通問題對於整個社會的影響，做全面性的了解。對於汽車文明與社會發展的關係，應該有全面性的研究分析，對於未來政策的走向，是有幫助的。

各個主要汽車市場，逐漸趨飽和，汽車為主的交通系統，所負擔的成本，變成非常昂貴，以汽車作為主要的交通工具，是一項現代科技運用的展現，其影響層面至為深廣。舉凡公共政策，文化活動，都市土地使用，社會關係，社區發展，自然資源，環境品質，個人空間移動性，均深受其影響。

汽車耗用大量的能源與資源，就全球體系來看，不可能長久運

用此一系統，此一系統是以個人化載具，是所謂進步的象徵，與現代化資本主義有所關連。但是，使用汽車卻不能達成所謂的永續發展。每一個人，都使用汽車，當作交通工具，即使是在先進國家，都是不可能達成的事。

汽車文明的文化意涵

在汽車文明之下，汽車代表的不只是人類活動的載具。汽車執照，代表的是成年的象徵；由於年紀衰老或者受傷不能開車，則表示社會地位將逐漸喪失。汽車若從另外一個角度來看，很具有啟示的意義，汽車所代表的文化象徵主義（symbolism），它代表著自由、權力與個人的自主性，這也是我們失卻批判這種生活方式的主要原因。

另一個盲點是，我們駕駛汽車的滿足感會逐漸擴大，各式各類的汽車廣告，更加深擴大了我們的弱點。吳念真在汽車廣告中說「買部汽車給爸爸就是孝順」，奇怪的是，在顧客導向的世界裡，民眾所嚮往的汽車，也正是交通政策規劃者所努力追求的目標。這是工業化國家所有的共同價值，而且深植人心，據此，各類不同的政治立場，不同的政治派別，也都沒有例外。

汽車的選用，變成文化與科技的產物，進到了個人的信仰系統，它被看作是生活的必需品。我們把汽車當作是一個現代生活追求的目標，因而我們把批評汽車的普及性，當作是一件很奇怪的事情。當大型油輪破裂，石油溢出，所引發社會廣泛的注意，所採取的緊急措施，要求石油公司立即賠償。每天看電視新聞報導，都有

人喪生在車禍中，傳播媒體不是淡化，就是故意不去報導，已經失去新聞的重要性，把它當作是一種日常生活上，個人的不幸。

在北美洲及歐洲，絕大多數的人們相信汽車仍是日常生活上的必需品，也是現代科技進化的交通工具。他們基於過去的經驗及想法，通常是錯誤的假設，也誤估了民眾的需求。1980年代，在德國城市調查，有四分之三的民眾贊成將巴士與鐵路設為優先項目，但是主掌運輸規劃的官員卻只有二分之一採此看法。

本書閱讀指南

第一章敘述汽車文明的困境，此章從墨西哥城開始，接下來描述洛杉磯城的情形，最後回到台灣汽車的禍害。

第二章描述汽車使用的真正成本，從汽車耗費大量物資能源開始談起，接著描述對於空間的剝奪與污染的嚴重情形，最後一段提及珍・雅各（Jane Jacobs）對汽車的觀點。

第三章提到《公有地悲劇》（the tragedy of the commons）的警示隱喻，地球以有限的資源是不容許汽車無限制地擴張蔓延的。

第四章接著提及，永續發展都市的典範——巴西庫里奇巴市。庫市是發展中國家的城市典範，它是開啓（Bus Rapid Transit, BRT）的原創者，在永續發展觀念上也帶給全世界莫大的啓示。

第五章介紹德國推動綠色交通政策的創新典範，此章中與美國的情況做比較，在此章的下半段提及德國最永續的城市個案「弗萊堡」（Freiburg）。

第六章提出自行車政策的世界發展趨勢，介紹荷蘭、丹麥、德

國、日本、美國、英國的歷史淵源及最新發展趨勢，最後並對我國的單車政策提出建議。

　　第七章提及永續城市建設的大未來，城市建設要有前瞻與整體的觀念，後半段介紹寧靜街（Street Calming）的功效。

　　第八章針對我國都市建設提出建言，永續的城市建設需要配合國情，或可參考其他國家的案例，進一步提出多項策略性的建議意見。

▶▶▶ 附註

1. Crawford , J.H. *Carfree Cities*, Utrecht International Books,2009
2. 從汽車觀點進入論永續發展的書也不是沒有，例如：Peter Newman and Jeffrey Kenworthy, *Sustainability and Cities: Overcoming Automobile Dependence,* Island Press,1999.對於全世界運輸系統做了一番詳盡的調查，歸納出一些趨勢的變化，整理出有根據的數據，並提出一些建議意見。
Peter Freund and George Martin, *The Ecology of the Automobile*, Black Rose Books Ltd,1993. 對汽車的禍害舉列詳盡，也提出一些對治的處方。
Wolfgang Zuckermann, *End of the Road: From world Car Crisis to Sustainable Transportation*, Chelsea Green Publishing Company,1993. 舉列汽車的種種禍害，提出33項處方。

汽車文明的困境

> 汽車已經變成為一套衣服,沒有它,
> 我們在都會區中會感到不安、赤裸及
> 不完美。
>
> ——Marshall McLuhan

生態廣島(Ecological Hiroshima)

1989年初,第一份出版的時代週刊,刊出一篇〈生態廣島〉的報導,所談的不是日本的廣島,而是中美洲的墨西哥市。

墨西哥市海拔超過兩千公尺,應該像宮崎駿卡通裡的天空之城,那麼高,那麼美吧?時代週刊卻形容它宛若經過原子彈洗禮

過的廣島，讓墨西哥陷入生態浩劫的不是什麼原子彈，而是我們認為最足以象徵現代文明與進步的人類偉大發明，那就是「汽車」。

墨西哥市是當時世界上最大的城市，人口超過兩千萬。它的生態災難出自於高密度的人口和所謂的「現代化」的活動。城內有35,000家工廠、外帶300萬輛排放有毒廢氣的各式車輛，其中大部份是自用小客車，擁擠不在話下，75%的空氣汙染來汽車，讓人無所遁逃。

兩千萬人的城市，每天上下班時刻是什麼景象？墨西哥市位居高地，氧氣比平地城市更為稀薄50%，每年十一月至隔年五月是乾旱季節，加上汽車貢獻約75%的廢氣，使市區經常籠罩在茫茫白霧之中，空氣惡化時行人走在大街上宛如在抽四十支香煙，造成大量刺鼻喉痛，並襲擊心肺不適的病患。1990-1991年的冬天是墨西哥城史上最毒的時刻，導致呼吸器官的病症，如呼吸道感染、流鼻血、肺氣腫的患者上升16%-20%之譜。（Gorman, 1991, p.61.）這種情況逼得市政府不得不在市區到處設立提供氧氣舖子站，讓那些受不了汙濁空氣的市民，可以使用這種一分鐘要兩美元的氧氣服務。

墨西哥市平日的空氣品質，大多不能達到世界衛生組織所設定的標準。可怕的是，這些不良空氣品質的天數多得難以想像，1991年空氣品質不良的日子達到354天，1992年更要多上四天，換句話說一年之中只有七天的空氣品質，可以讓人接受。

墨西哥市政當局當然不會坐視這種情形。在此之前，幾乎所有可行的對策都用過了，但是不論怎麼做，也都是枉然，無法令市民

得到滿意的答案。1990年初，所有汽車牌照分成五種顏色，每天限制其中一種顏色的車牌上路。實施之初，有些許效果，車子擁擠的程度也有些改善，過了不久，汽車又加多了。市政府又變更成每週限制兩種顏色車牌，休兩天的措施。經過多年的努力，空氣污染仍然日趨嚴重。

　　墨西哥市政府不能說沒有遠見，早在1968年就開始發展大眾捷運系統，提供中南美洲最低的費率，吸引了大約三成的市民搭乘，但是喜歡開汽車上班的人仍然駕著自用小客車上下班，三百萬輛汽車大約只提供兩成的市民上下班，墨西哥市有希望躲過這場生態浩劫嗎？

天使之城——洛杉磯

　　墨西哥城的汽車之害並不是發展中國家的特例，即是在已開發國家城市也無法倖免於汽車的荼毒。

　　美國號稱為汽車王國，如果要找一個以汽車作為主要交通網的城市，美國加州的洛杉磯可算是最有資格列入者之一。這個以西班牙文命名為天使之城的大都會區，也是文明世界十足的「汽車麥加城」（the Mecca of the motorcar）。在1930年代，洛杉磯也曾是美國電街車最發達及最有效率的城市。在汽車財團運作下，1956年開啓一項人類史上最大規模的建設計畫，美國聯邦政府通過聯邦州際高速公路法案（Interstate Highway Act, 1956），促成美國政府花費410億美元，建造41,000英哩的公路，整個洛杉磯城變了調，走了樣。1960年代後，在洛杉磯市有95%的旅程要靠私家車來

完成。

　　任何人踏進洛杉磯國際機場，都會被它氣勢宏偉的建築規模所震懾，步出機場，駕車穿越的是一條全美也可能是全世界最貴的高速公路（Century Freeway），短短17英哩，造價22億美元，創下金氏世界紀錄。（Kay, 1997. p.117）進入城內，不得不佩服美國人對汽車鍾愛的程度，完全依賴汽車運具可以在洛杉磯城充分地展現。美國是世界上最典型的汽車王國，洛杉磯則可以算得上是世界汽車城市的典範。若要請一位都市規劃專家，塑造出一個汽車的理想世界，可能找不出一個比洛杉磯更接近理想的城市。

　　1990年代，洛杉磯整個大都會連綿的市區，方圓近五、六千平方英哩，住著上千萬的居民，卻有九百萬輛的汽車。汽車與道路系統變成城市的主角。

　　好萊塢影片有許多城市的畫面就地取材，是洛杉磯最好的宣傳。每家每戶都有一條或兩條車道從門前的花園旁伸展出來，商業區每家商店、飯店、購物中心，甚至於教堂門口都有個寬廣的停車場。在擁擠的中國城，小東京日本城，古老社區裡的中國餐館或賣日本清酒的雜貨小店，門口也要留下那麼三兩個停車位，招攬客人上門。

　　住在洛杉磯，不用汽車是「行」不通的。出門購物、上班、甚至要送孩子們上下學，不用汽車是難以想像的。汽車是居民的必備工具，有點像腳上鞋子一樣，沒有汽車就像沒有鞋子，幾乎連大門都邁不出去。

　　為了容納九百萬輛汽車，洛杉磯有全美國密度最高的高速公路

網，全城有三分之二的土地蓋滿柏油路面和停車場。1960年代這裡曾被讚譽為現代都市建設的典範城市，早在1940年代開始，居民就擁有全世界最高的汽車擁有率，每千人擁有七百多輛小客車，到了1970年代幾乎成為人人詬病的污染之城，幾乎每天在電視上可以看見記者報導空氣污染嚴重性。

美國雖然有空氣污染的管制標準，也投入最大的心力去管控空氣污染，卻無法改變人人用車的局面。美國肺臟協會估計，全美國呼吸汙染所導致的健康成本最少有43億美元，在1985年導致12萬人死亡。（Gorman, 1991, p.61.）洛杉磯城的開闊土地是每個人有六到七個停車位，卻也使得市民享有最嚴重的空污，儘管加州一直有全美國最嚴格的空氣污染管制標準，卻使人人仍不時受困於難忍的煙霧。例如在1990年代，估計在夏天時聖貝納迪諾河畔（Riverside, San Bernardino County）的居民每天所吸入的空氣就像吸入一包香菸的煙量。洛杉磯的青年人看似健康，也是空氣品質的受害者，他們80%有肺功能異常，27%嚴重的肺功能障礙。（Mann, 1991 p.6）

2002年12月8日洛杉磯時報報導，在洛杉磯的山和堃谷（San Joaquin Valley）已經是全美國空氣污染最嚴重的地區。報導指稱，在這塊谷地中有340萬的居民卻有240萬輛汽車，過去一年只有53天是屬於空氣品質良好的日子。報導中提及，空氣污染可能導致當地1,300人死亡，這項數字甚至於超過直接死於車禍意外。所有環保署所訂定的環境品質改善計畫均無法實現，全部落空。洛城市府仍然執意計畫要投入22億美元興建公路。當地一位居民

麥克畢斯喀（Mike Biskup）說道：過去五年天空一直是灰濛濛的，夏天時，甚至於連山脈的形影都看不見，他跟他的妻子一直望著天空說道，「我的天！我們竟然呼吸這種空氣，真是病態呀！」（Carfree Times, Jan, 2003）

根據德州交通協會（Texas Transportation Institute）的研究報告，2001年每位美國駕駛人需耗費51小時在堵車陣中，比1996年增加四小時，此研究估計全美耗費的成本在時間及汽油上，要花費695億美元，洛杉磯仍是排名第一的壅擠城市，每位駕駛人要耗費90小時，其次是舊金山市（San Francisco）68小時。（Miscellaneous Facts, 2004）

汽車城市的共通病徵

墨西哥市是當年世界人口規模最大的大都會，洛杉磯卻是土地幅員最廣的大都會，兩座城市有一項共同點：均以汽車作為主要的交通運輸工具。這種超大型的大都會之所以能夠存在，也是拜汽車所賜。

如果墨西哥市是所有已開發城市的「最終」寫照，豈不令人膽顫心驚？都市化是全世界共同的趨勢，2010年世界的城市住民已經超過五成，世界上形成的巨大都市（Megacity）越來越多，都會區的人口也愈來愈多，不論國家經濟發展的程度如何，都會區交通運輸工具也將快速地走向集中化，運用汽車代步成為最具顯著的一項共同趨勢。

汽車帶來生活上的巨大便利，同時也帶給各國大城市莫大的

困擾，與墨西哥市相同情形的城市越來越多，類似曼谷、羅馬、雅典、巴黎、雅加達等等也都面臨的各種不同程度的環境污染的困境，也都有著相當程度的墨西哥市的生態災難。

墨西哥市生態災難的情形也在世界上各大都市逐漸成形，或者已經在形成之中，這也不是只有在落後國家才有的特色，先進國家也都有相同的困擾，事實上只有在汙染程度上的差異而已，但問題的本質卻都雷同。最典型的美國洛杉磯和英國首都倫敦都是空汙惡名昭彰的城市，都沒能達到符合國家或者歐盟空氣品質的要求標準。除了空汙，道路壅塞也是在地典型的都市病。

汽車的使用是典型現代化的文明科技運用，遷就個人的需求，反映出整體社會的集體病態。1970年，美國汽車旅程每年超過一兆英哩，到1990年中期已經超過兩兆英哩，登錄註冊的汽車數超過兩億兩千萬輛，快超過全美的人口數。當城市擴散到郊區時，每天要花一小時在路上變成全國性的慣例，每一家戶外出十趟旅程成為家常便飯。美國人對汽車的依賴已明顯成癮，已造成環境的不永續。美國每一家庭的收入要花費20%在交通支出上，日本人是9%，歐洲人只有7%；美國只有5%的人上街步行，歐洲與日本卻有20%-50%不用車的行人上街辦事。在土地資源上，美國人的道路相關設施要佔據城市一半的空間，日本人卻只有四分之一。（Jane Kay, p.130）國立交通委員會（National Transportation Board）估計，在1995年到2015年，汽車將壅塞56億小時，塞車浪費73億加侖的汽油，每天70%的汽車，在早晚上下班時分，會塞在高速公路上減速慢行。（Mark Roseland, 2005. p.114）

1990年代英國倫敦的街上，車行速度平均已經低於每小時十二公里甚至於趕不上十九世紀的馬車時代。每一個人快速的活動導致的結果，明顯造成整個社會整體大眾受到更大的延誤。都市上下班時間擁擠的程度幾乎變成世界各大都市的通病，東京每小時行車的速度在19公里，台北市在捷運開動之前的行車速率每小時平均約10公里左右。新加坡是世界上最嚴格控管汽車的國家，也不時有壅塞的情形，逼得政府只好興建捷運。

汽車是莫大禍害

世界衛生組織（WHO）在2013年發布一份「道路安全全球現狀報告」，道路交通傷害是全球第八大死因，15-19歲的年青人是最大的一群受害者。若再不採取行動，到2030年時，傷害將持續上升到全球第五大死亡主因。

工業文明的進程中，汽車是現代化社會的主要的表徵。汽車變成一般人日常生活的必需品，也是每個人所追求的重要目標，對個人而言，汽車代表著個人事業的成功，代表身分地位的優越；對整個國家社會而言，代表著整個社會文明的現代化，以及繁榮進步的象徵。二十世紀快結束時，西方媒體詢問一些百歲人瑞，問他們二十世紀前哪一項發明影響最大？得到的答案竟是「汽車」！這也是一般人都完全同意的看法。珍‧賈各（Jane Jacobs）也認為，汽車基本上仍是必需的產物，它可以解決都市的空虛茫然，後文將再詳加說明。

沃爾夫岡‧祖克曼（Wolfgang Zuckerman）在1993年時寫

了一本書《道路的盡頭》（*End of the Road*），述說汽車的種種禍害，也提出33種解決方案，希望能解決汽車所帶來的問題。Sciteh Book News書評表示，希望此書可以像瑞秋·卡森（Rachel Carson）《寂靜的春天》（*the Silent Spring*）一樣，成為改變世界的觸媒。珍·賈各也說此書很耀眼，也充滿驚奇與有用的資訊，除此之外，由於它的清晰度與睿智，讀它時有一份喜悅感，她全心希望這本書可以發揮應有的影響力。很不幸的，這一希望落空了。卡森女士在1965年出版《寂靜的春天》一書時，引起廣大的迴響，促成各國禁用DDT，但是自1993年以後，沒有看到各個國家在政策上提出翻天覆地的大改革，汽車依然是人人生活上的最愛，甚至成為人人生活上的必需品。

　　創建世界觀察基金會（Worldwatch Institute）的李斯特·布朗（Lester Brown）曾經表示：「汽車被認作是現代化的同義詞，我們也忽略了它的副作用，或者將它合理化成我們生活品質必須付出的代價。充其量，那些一般認定的缺點，不過是相當微小的瑕疵而已，只要在現行制度提出解方，即可解決。例如多建一些公路，使馬路變寬，使汽車聰明一些，我們的問題就可以排解了……但是實情並非如此。」詹姆斯·孔斯特勒（James Howard Kunstler）有一段描述，令人印象深刻，「在歷史上沒有一樣東西像它（汽車）一樣，一項機器許諾在地解放，自由國度像美國一樣，有無限制的權利去旅遊，同時有廣袤的國境去擴散移行，無論如何家庭生活變得無可忍受，汽車變成一種祝福，在早期汽車崛起的時代，一般人很難理解汽車大肆摧殘的潛能，不僅僅是地理景觀或者

是空氣，而是一般性的在地文化。」（Kunstler, 1993）理查·律基斯特（Richard Register）有更誇張的說法「汽車是現今世界的恐龍」，他也指出，汽車「正在摧毀城鎮與鄉村理性與愉快的結構，一旦社區由汽車型塑固定，他們就完全要仰仗汽車了。這種成癮是結構性的癮頭，也已經鑲入在城市的結構之中。汽車阻礙我們在現今文化上的後續演進，誤以為走這一步宛如我們還在演進之中」。（Register 2002, pp.16-17）

隨著工業文明的過程，汽車變成一般人日常生活的必需品，也是每個人追求理想生活所不可或缺的一部分，我們正逐步邁向像美國化的汽車社會，一切只誇耀這是經濟發展的必然成果。伊萬·伊利奇（Ivan Illich）在1974年出版的《能源與公平》（Energy and Equity）一書中，有段描述美國人開車的情形。他指出，一般男性駕駛人每年要耗費超過1,600小時在駕駛，他需要賺錢去付按月貸款，要付過路費、保險費、稅捐、罰單。他要花上16小時去上班，光開車就要4小時。這些時間也沒有計入更多的活動在內，例如上醫院，上交通法庭，進修車廠修車，還有要觀看汽車廣告、參加汽車說明會準備換新車的時間都沒有計入。一般美國人要花16,000小時去達成7,500英哩，換算成每小時行車速度低於五英哩。（Ivan Illich, 1974）1997年消費者支出調查（Consumer Expenditure Survey）指出，美國人家戶所得有18.5%是用在交通上（公共交通只占1.1%），94%是花費在汽車上，兩萬美元以下的低收入戶，更是要花費達25%以上。（Litman, 1999, p.4）汽車的依賴度反而加

重社會與經濟面向的階層化（stratification），對整個社會而言是相當不利的。

　　即便是我們心裡贊同汽車是每個國民的天賦人權，我們怎樣提供滿足每一個人開車的夢想呢？約翰·懷特雷哥（John Whitelegg）說「汽車的擁有，不是一種欲求（desire），而是一種著魔的依戀（obsession），而且它所依附在媒體、廣告、電影及電視象徵主義的複雜網絡中，讓全世界的大多數人深深著迷。」（Whitelegg 1997, p.218）在美國，製造汽車的公司每年大約要花110億美元在汽車廣告上，光通用汽車公司（General Motor）就要花費20億美元，遠超過建設捷運的總經費。（Advertising Age, September 29, 1996）汽車製造商對美國經濟也不是沒有貢獻，如通用、福特、克萊斯勒等大廠對美國國民生產毛額（GDP）有五分之一的貢獻度，也創造230萬人的就業，每六個美國人就有一個與汽車產業相關。但是，如果說汽車產業是美國的經濟金字塔的頂峰，它可能也是敗壞經濟的禍首。這道天文數字背後卻隱藏著一項事實，那就是有一半的石油和三分之一的汽車是從國外進口的。他們忽視社會與環境的成本，汽車製造商所貢獻的遠不及他們所留下的禍害。（Jane Kay, p.123）律基斯特（Register）更建議要將這些投注在汽車上的產業資源，逐漸轉換投注到生態城市的基礎建設上，如電街車、自行車產業、綠色建築、用踏踩的動力車運送貨物等等，對自然界的衝擊會減到最小。（Register, 2002, P.20）

　　經濟學家與環保人士各自有他們不同的解讀，如國家資源防護

委員會（National Resources Defense Council）估算，每年要花1.2-1.6兆美元在地面交通上，大部分都花費在汽車上，也超過花費在教育與健康上的經費。美國肺臟協會估計，空汙對健康的危害要超過500億美元。國家交安委員會（National Safety Council）估計要1,765億美元花在汽車傷亡上。駕駛汽車人的負擔並不能撐起全部與汽車有關的經費。全美大約有70%的州及地方的法律執行事務是花在交通管理事務上，其中20%的預算是用在汽車事務上。以紐澤西州（也是典型的郊區化社區）為例，駕車人每年只負擔77,300萬美元在石油稅與過路費，要比州政府花費在建造與維護公路的費用為低，其餘部分要由房地稅來補貼。紐澤西州的道路建造與維護經費需要32億美元，駕駛人卻只負擔25億美元。（Jane Kay, p.124）

　　汽車文明不利於環境，更是人類生存的禍害。在美國，汽車廢油每年要倒入十億加侖進入土壤、陰溝、水域中，修車廠每年要倒入250萬加侖的廢棄油到陰溝裡。挖油井製造汽油石油製品要透過輸油管道進入油槽，再透過油罐車輸送到加油站，油汙會滴到路面，汙染全美40%的水道，甚至自路面下洩到海洋，招致魚類、水生植物生長遲緩，減少植物的多樣化（diversity）。（Jane Kay, p.95）美國每年約有43,000人死於車下，有五分之一是路上的行人與單車族，幾乎每天有120人死亡，等同於每天有一架飛機失事，要救援、鳴笛、送醫、復健，麻煩多到不可勝數；另外，汽車也是16-24歲青年人的殺手，受傷後要6-18個月的復健期，自二十世紀以來，他們的生命期望值，並沒有增加。（Jane Kay, pp.95-104）

汽車造成的傷亡，也不是沒有引起注目，1906年美國有十五個州政府認定，汽車是民眾健康的災禍，但是卻沒有受到關注，人民依然我行我素。（Seiler, 2008. p.66）

回過頭來，生活在這種現代化文明之中的個人卻有成千上萬個理由要用車，為接送小孩上學、上班、採購、交友、會親、運送貨物等等，每一項理由均難以駁斥。就以接送小孩為例，1970-90年間，英國九歲至十一歲的小孩上學，可以獨立到校的比例從90%降到10%。利用汽車接送小孩到校上課，使小孩獨立學習、社交、環境認知的經驗都被剝奪殆盡，也讓英國婦女在1990年間多耗費135,600萬小時。這種行為造成路上的車輛增多，讓走路上學的小孩更不安全，讓家長更不放心，變成也要開車接送小孩上學。（Whitelegg, 1997. p.23）大衛・英格威區（David Engwicht）也支持此一觀點，外加一點，家長也擔心陌生人的不當侵害。（Engwicht, 1999, p.36）

這種對於汽車的依賴是可以充分理解的，而且長期的汽車文明讓人產生依賴，擁有汽車也是身分地位的新象徵，如果我們真要用如此狹隘觀點來界定交通部門的政策，毫無疑問，永續政策註定要完全失敗。

但是，汽車是否真正能成為我們生活的必需品？每個人都開車的社會，是否真正能夠維持永續發展嗎？如果汽車是國民權益的一部分，各國政府就有責任滿足民眾的需要，提供足夠的馬路及停車設施，這些問題都是都市交通主管機關必須在各項城市建設之前弄清楚的前提。

只見有識者提供警告，交通問題頓時成為民眾心頭的陰影，但是大家都提不出有效的解決之道。更可怕的是，許多人以為，時間到了自然會有解決的辦法，而許多學者專家也都表露憂心，卻提不出對策的困境。我們的城市是不是像墨西哥城一樣，一步一步陷入汽車所帶來的生態浩劫之中？

台灣汽車大夢何時醒？

（1）危機呼籲

　　1998年2月4日，自立早報刊出前立法委員陳光復的一篇文章，呼籲政府要抑制小客車的成長。也許，類似的呼籲已經司空見慣，此篇文章也像其他的文章一樣船過水無痕，再不見任何的影響，政策依舊一切都像沒有發生過一樣。但是，這篇文章卻與過去的文章不同，一是它出自一位立法委員，再者他的呼籲方式與大多數人不同。

　　陳光復委員建議全國及早展開「大眾運輸應降價、抑制小客車成長」的自覺運動。

　　陳委員提及，民國八十六年全年全國新車銷售總量469,000輛，報廢約9,000輛，亦即全年汽車淨增加約38萬輛，如果持續下去不到十年全國汽車總數直衝800萬，全國民眾將「淹沒在汽車的大洪流中，奄奄一息！」

　　他又引用環保署的資料，顯示汽車排放的污染氣體及鉛金屬也很嚴重，他說道，「汽車對台灣空氣的危害，扮演殺手的角色十分

明顯，我們每天自己開車、騎機車、已與同胞、親人形成一種相互傷害的局面」。這種說法令人毛骨悚然，但也是接近「事實」的說法。

那麼我們是不是應該立即設法停止這種互相傷害的動作，放棄使用小客車？交通主管機關是否應該立即採取抑制小客車的快速成長，以及遏止每年大量汽車湧上馬路，使全國一步一步走向奄奄一息的地步？

我們住在台灣的人們正逐步邁向已開發國家的生活水準，好不容易家家有車開、戶戶有車停的理想才要開始實現，卻要抑制小客車的成長，要我們大家不買車不開車談何容易？但是擺在眼前的問題是，若任由人民大家買車，同時很快就會走上全國動彈不得的絕境？交通主管機關應該怎麼來面對這樣的政策困境？我們應該怎樣看待我們的汽車問題？

（2）台灣汽車輛持續增加

1970年，全台灣總人口不過1,500萬人，當時自用小客車總數不過30,000輛，平均每千人持有兩輛。及至1994年小客車數達382萬輛，每千人小客車已達181輛，即每六個人有一輛車。最近十年來已近高原期，2015年底小汽車已達每千人322輛，小客車也已達每千人267輛的水準。

台灣地區近幾十年來，公路車輛急速成長，在道路面積相對增長較緩的情形下，已經造成到處可見交通擁塞的情形，都市地區尤為嚴重。停車位設置不足，空氣污染及噪音一直嚴重威脅全民健

康，時時刻刻機動車輛的問題都浮上檯面，議論紛紛，政府也一直處在束手無策的窘狀之中。難怪胡寶林教授要說，台灣全省的交通都在日日便秘中，中央政府的發展策略是公路先於鐵路，地方政府以拓寬車道為能事，而住宅區的巷道則被居民用轎車自凌自虐，鄰里和市區都沒有行人的生活空間。台灣從未出現「行人廣場」和名副其實的「徒步區」，城市公共交通成了窮人以及老弱婦孺的代號。（胡寶林，民87年，頁198）

根據交通部統計，1989年底，台灣地區每平方公里有97.9輛小客車，比新加坡的96.3輛略高一些。但是到2013年，台灣地區增加到315輛，新加坡卻只有154輛，只到1993年的水平，最高點是1995年162輛，可見新加坡限車政策相當成功，我國相對的沒有限車政策，才讓小客車快速地成長。

（3）台灣汽車數量的推估

2015年底，台灣地區擁有的人口密度每平方公里超過649人，在大台北都會地區接近萬人的水準，永和區39,449人，大安區27,554人，要像美國有豐厚的油源，有開車的自由，根本是不可能的，可是我們的汽車管理政策規劃者是怎麼樣想像的？很多證據都顯示，我們正朝著違反這些認知層次的方向前進。

行政院研究發展考核委員會曾在民國八十二年初，針對台灣地區1,600個有效樣本進行調查，民眾最關心的事件是交通惡化的問題；接續在民國八十五年時，委託藍武王教授進行一項小客車管理措施的研究，經由各國小客車發展的實證分析，影響小客車持有率

的高低的最顯著變項，為國家土地面積、平均國民所得與公共運輸比例。我國小客車持有率，平均國民所得提升到三萬美元之時，將趨於飽和，如政府不採取任何疏導管控的措施，則未來我國小客車的飽和持有率可能達到每千人520輛之譜。政府若採用發展軌道運輸的策略以疏導小客車旅次，並採用小客車取得成本的直接管理管制策略，則可能控制小客車飽和持有率在每千人450輛；若採用發展公共運輸的策略並採取提高了小客車直接使用成本策略，則可能控制小客車持有率每千人380輛左右。（藍武王，1996，p.71）

（4）停車位的供給

　　一輛汽車大約90%以上的時間是靜止不動的，它每到一處需要一個停車位。停車位的供需問題在都會地區失衡的情況相當嚴重。

　　以台北市為例，民國八十四年底，台北市登記的小客車已達548,447輛，其中93.4%為自用小客車，如考慮用車從起點處到工作地點可使用一個停車位的理想狀況，台北市需要兩個停車位，此時尚不考慮從外縣市進入台北市的車輛。實際上，台北市在民國八十四年時全市僅有233,128個停車位，其中57%是屬於路邊停車位，其他屬非公有的停車位，停車位呈現嚴重不足的窘境。停車位供需失衡已經造成全市區到處併排停車、違規停車的嚴重問題。尤其防火巷幾乎被小客車填滿，對於公共安全隱藏著巨大的威脅。理想城市標準的都市規劃，一輛汽車需要從事各項活動，必須要有七至八個停車位，台北市距離這個理想太遠，與實際上每輛車要有二至三個停車位的情況也相差甚遠。

行政院郝柏村院長時期提出《國家建設六年計畫》，由交通部編列兩百億元補助預算，由地方政府出資兩百億興建，總額是四百億元，要興建十萬個公共停車位，在每個縣市興建多座停車場。後來有少數變成「蚊子館」，中壢的一座停車場最後遭到拆除的命運，行政院由公共工程委員會成立一個專案小組，將場館活化改變用途，變成菜市場、文康中心等等。

（5）車輛增加快道路卻有限

1998年第全台灣機動車輛超過1,592萬輛，其中小客車442萬輛，1952年時，小客車末超過3,000輛，在四十六年之間成長2,118倍。回頭看我們的公路建設，1952年有15,619公里，但1998年公路里程19,593公里增加不到一倍，到2014年時已增至41,916公里，也不過是1998年的兩倍，台閩地區的自用小客車卻已超過620萬輛。

（6）傷亡統計數

根據交通部的統計，台灣地區死亡人數1988年時是4,190人，之後逐年降低，到2014年已降到1,819人。1989年時，衛生署的死亡統計數字是7,851人（交通部的統計是在24小時內）。道路交通事故意外受傷人數在1988年時是7,461人，此後逐年降低，到2000年卻躍昇至66,895人，此後逐年上升到2014年時已達413,229人。根據衛生福利部的統計，2014年每十萬人台灣地區就有11.1人因交通事故死亡，只比美國低，遠超過德國、英國、義大利、日本、澳洲、新加坡和南韓。

（7）空氣品質

根據台灣大學環境工程研究所1996年的調查，1995年底台北市的空汽汙染物中，約有90.9%的碳化氫，94.5%的一氧化氮以及99%的一氧化碳。自用小客車的一氧化碳排放係數遠大於其他類型車輛，對於國人健康造成極大的威脅。

（8）小客車與公共運輸工具的關聯

根據交通部對各縣市2014年「民眾日常使用運具狀況調查」，台北市大眾運輸使用率僅37%，其中捷運占16.8%，公車14.8%，約42%的市民仍靠汽機車等私人運具代步，六年來汽車增加七萬輛，大眾運輸使用率成長不如預期。公共運輸自2012年達38%的高峰後，連續三年未見上升，意味大眾運輸已進入高原期。

不過，2016年4月20日洪永泰教授在聯合報刊出一文對此一數字提出質疑。根據台北市政府交通局發表的客觀統計數據：台北市公車及捷運總日運量，自2009年起逐年上升（平均年成長率約2.39%），2014年平均每日載客約350萬人次；另2014年台北市公共運輸使用率（57.7%）為全國最高，亦較2013年度（57.2%）成長。2015年捷運及公車（含劃歸新北路線）總平均日載客運量約351萬人，亦呈持續成長趨勢。這些年台北市人口數相對是穩定的，為什麼客觀數據和抽樣調查主觀數據在趨勢上呈相反的方向呢？主要是忘了手機族群的調查，還有家戶調查是依各縣市來執行的，台北市與新北市又怎麼分得開呢？

根據2015年最新的交通部「民眾日常使用運具狀況調查」，臺灣地區民眾通勤學旅次之公共運輸市占率19.2%，已經比過去兩年17.7%與18.7%要高出一些，些許是新北市自2011年的30.2%躍升到37.2%的貢獻吧！

根據交通部的統計調查，台灣地區小客車駕駛搭乘公共運輸的比率，在2000年時是13.8%，到2014年時是16.1%，十四年來只增加2.3%，顯示小客車駕駛人搭乘公共運輸工具的比例，長期在兩成以下，值得有關單位注意。

（9）生態足跡〈Ecological Footprint〉

1997年，經過李永展與陳立淇的調查生態足跡，台灣地區每人需4.67公頃，世界的人均是2.34公頃，全台需要59,474,670公頃，是29.1倍個台灣。台北市更是需要超過500倍土地面積，以供應每平公里9,000人的需求。台中都會區的生態足跡估算值每人為6.113公頃，是台中都會區面積的120倍，換算成面積單位要耗上4倍大的台灣土地面積。（李永展，頁60-61）根據中央研究院「1998年各國環境負荷的比較」，發現在「車輛密度」上，台灣已是世界排名第一，每平方公里有442輛車。與世界各國相比，在工廠密度、能源消耗上，整體的「環境負荷」也都已是世界第一了。

▶ ▶ ▶ 影音集

洛杉磯城的空氣汙染：https://youtu.be/dcvvJcy1lkU

02

汽車使用的真正成本

> 汽車的擁有不是一種欲求，而是一種
> 著魔的依戀，而且它所依附在媒體、
> 廣告、電影及電視象徵主義的複雜網
> 絡中，讓全世界大多數人深深著迷。
>
> ——John Whitelegg

　　1900年全美國只有8,000輛汽車，至1929年時已超過2,300萬輛，2008年全球汽車總數已達六億輛，2010年超過十億，仍然以每年六、七千萬輛的速度增加之中。號稱汽車王國的美國，1960年後每年仍以369萬輛的速度增加，2013年的登記車輛數超過

25,000萬，1990年時，汽車的產值高達3,000億美元，每六個人就有一個所從事的工作與汽車有關。世界各國也都奮力向美國看齊，尤其是中國，已經是世界上最大的汽車製造王國。

汽車是人類少見的偉大發明，人類歷史上很少發明對人類生活的影響層面如此深廣。汽車帶來進步與經濟繁榮，帶給人們自由、獨立、克服自然的信心。汽車的速度與方便性吸引人們大量的擁有，其身分地位的象徵，更是人們最愛慕的交通工具。汽車文化意識深植人心，已是現代人生活不可分割的重要部分。

1992年，英國劍橋大學副校長威廉爵士（Sir David Williams），在皇家汽車俱樂部以「汽車與環境」為題發表演說，他指出：「很少人不曉得，使用汽車會帶給我們龐大的好處，但是，很少人注意到汽車所帶來的壞處。」汽車數量趨近高峰的同時，人們開始發現汽車負面的效應愈來愈大。許多交通專家發現，汽車的壞處可能大於其好處。歐洲交通專家懷特雷哥（Whitelegg）直接認定，汽車帶來的好處很少，卻有極大的壞處。（Whitelegg, p.17）

曾任委內瑞拉能源部長，也是OPEC的創始人，培瑞茲‧阿房索（Juan Pablo Pérez Alfonso）甚至認為，汽車是「天大的詛咒」（cosmic curse），他把自家的豪華轎車鎖起來不用。

其實，我們在日常生活中都有意識到汽車的害處，只是想到那是利用現代設施「必要的罪惡」，也不會深入瞭解它的禍害到底有多嚴重。Sightline Institute的發啓人艾倫‧杜寧（Alan Thein Durning）在他的一本著作中宣稱，汽車是危害公共衛生的「毒瘤」，這個毒瘤的殺傷力比槍砲或毒品更強。（Durning, 2001）

汽車的害處，細究起來，真是罄竹難書，它帶給全世界的不利影響至少有四大面向，就是大量的資源消耗，環境汙染、意外傷亡、與空間掠奪。

汽車大量耗費地球資源

傑里米・里夫金（Jeremy Rifkin）在1980年時，曾經寫過一本暢銷書《能趨疲：新世界觀》（*Entropy: A New World View*），書中對美國使用汽車有一段很生動的描述：

「我們〈美國〉的運輸系統，一向被公認是全世界最先進的典範。我們耗在旅行上，所花的時間遠較其他經濟活動為多。目前運輸費用約占美國總國民生產毛額的21%，而運輸費用中約80%用在汽車與貨卡上。所有運輸形式的能量耗費占整個經濟體耗能的25%以上……根據蘭德公司威廉・穆茲博士（Dr. William E. Mooz）所述，這些數字若加上汽車製造與保養的耗費，那麼美國運輸業每年使用的能量，要超過全美耗能量的41%。」（Rifkin, p.143）

根據美國交通部的統計資料，每年每一輛汽車的行駛成本，在1975年約2,154美元，到2012年達到歷史高點9,122美元，隨後2014年降到8,698美元。

根據1992歐盟科學技術策略分析計畫（Strategic Analysis in Science and Technology Programme, SAST），歐盟各國為11,700萬輛汽車，每年所消耗的建設材料如下：鋼鐵10,500,000公噸、鋁908,000 公噸、塑膠698,000公噸、瀝青156,000,000公噸、橡膠747,000公噸、玻璃422,000公噸，其他礦物如鉛、銅、鋅的耗

量均至為可觀。（Whitelegg 1997, pp.25-26）1999年時，有一則來自福特汽車公司的電視廣告，誇稱該公司每年要耗用七百座艾菲爾鐵塔的鋼鐵，遑論另外的十二家汽車廠了。（Register, 2002, p.25）

在全球規模上，汽車的使用物質量至為可觀，汽車所產生的廢棄物，自然也是等量齊觀。而汽車的數量仍持續成長，對於物質的消耗以及土地資源的破壞，均令人怵目驚心。這些問題，在有關交通政策的技術面向上，卻鮮少有人提及，不論使用何種新的燃料、觸媒轉換器，或者任何新的車輛電子零件，均不能解決大量資源耗損的問題。

瑞士一家經濟顧問公司Eco Plan，在1993年檢視交通的外在效益後得到了結論：汽車作為交通工具，毫無外在效益可言，很直截地陳述：「這完全顯示，交通政策可以根本忽略外在效益」，這項斬釘截鐵的陳述，係根據理論與實務上的深入分析才得到的。

此一論點，之後也獲得大衛·麥迪孫（David Maddison）的支持，在《藍圖5－真正的道路交通成本》（*Blueprint 5-The True Cost of Road Transports*）結論是：「我們能想到的唯一外在效益，就是對能享有汽車停車位的個人有好處」。換言之，對於群體而言，汽車對社會並沒有任何好處。作者繼續問：你的鄰居都在開車對你有什麼好處？答案是否定的。你的鄰居小客車對你是不是有負擔，得到的答案是肯定的。鄰居加倍用車，你只會感到更多的新生噪音、空氣汙染及馬路上的意外事故，失去步行、騎自行車的自由而已，汽車完全只有外在成本卻沒有外在效益可言。（Maddison, 1996.）

汽車對環境的衝擊

1993年，最具權威性的德國海德堡環境及預測研究所（Environment and Forecasting Institute of Heidelberg）曾就汽車的影響，作過深入分析，對於全球觀點是非常有助益的。全球汽車成長每年以4.5%增長，到1985年時有5億輛車，1993年時已有7億輛，估計到2030年將達到23億輛的水準。

海德堡研究所推估一輛汽車終其一生所消耗的能量與排放物如下：主要能源（Primary energy）22.9噸煤當量（tonnes of coal equivalent unit），二氧化碳（CO2）59.7噸（tonnes），二氧化硫（SO2）32.8公斤（kg），氮化物（NOx）89.5 kg，塵粒（Particles）4.2 kg，一氧化碳（CO）368.1 kg，汙染空氣（Polluted air）2,040百萬立方公尺（million m3），苯（Benzol emission）812.5 g，碳氫化物（CxHy）62.9kg，甲醛（Formaldehyde）203.1g，煞車皮耗（Brake abrasion）150g，輪胎耗損（Tire abrasion）750g，鉛（Lead）85.8g，鉻（Chrome）0.2g，銅（Copper）4.3g，鎳（Nickel）1.2g，鋅（Zinc）0.8g，白金（Platinum）1.3mg，石油進入海洋（Crude oil in world oceans）13公升，全部廢棄物（Total waste material）26.5 噸。（Whitelegg, p.29）

這項分析是以一輛中型小客車每年行駛1,300公里，連續十年所得到的結果，也包括一輛汽車在製造、使用、以及最終處理的完整過程在內，使用汽車上班、旅遊、購物、甚至兜風的代價不可謂之不昂貴，這還不包括一些相關的設施如馬路、停車場的構築。

到2030年整體的汽車消耗燃料油達13億公噸，自1995年到2030年累積、有所耗油總數將達416億公噸，1994年預估全球儲油量為1,357億公噸。同年預估在製造汽車工程所產生的二氧化碳高達兩千億噸，35億公噸的廢棄物，所產生的氮氧化物增加到3,500萬公噸，汽車對環境的汙染是造成人類生命的重大傷害來源。

汽車造成的傷亡禍害

根據世界衛生組織一份2015年的報告指出，每年全球公路意外事件致死人數超過125萬人，因此受傷或成殘者達5,000萬人。90%的死亡是在中低收入的國家，意外發生的駕駛人年齡在15到44歲之間，73%駕駛是男性。

美國2000年死於公路車禍人數為42,116人，超過越戰陸軍死亡人數，是當年死於流感人數的兩倍。酒駕造成的傷亡與失去的生產力，在美國初估要超過230億美元。（Zuckermann, p.134）

自有汽車作為交通工具以來，二十一世紀前死於車下的人數不下兩千萬，傷者更是不計其數，世上有哪樣發明斨害人類如此之深，卻又如此受人鍾愛有加？

德國海德堡研究所也指出，1990年全球汽車造成42萬人死亡，900萬人受傷，同時估計到2030年將有250萬人死亡，六千萬人受傷；1995年到2030年累計將有5,000萬人死亡，11億人受到傷害。（Whitelegg 1997, p.27-8）海德堡研究所也指出，在德國一部車終其一生要有820小時（34天）對失去的人命負責，車禍意外造成的損傷達2,800小時（117天）。（Whitelegg, 1993）

人命是無價的，但是公共政策學家喜歡對人命到底值多少錢訂個價。英國政府按例在建設新公路計畫之前，都會估算一下道路的傷亡成本，1993年估計道路上的意外事故約105億英鎊，這些數字包括治療、警務、治療、救護車、法律事務、個人無法工作的損失費用。同樣的估計在美國約5,800億美元。（Smith et al p.127）在《藍圖5－真正的道路交通成本》一書中估計人命值兩百萬英鎊，相當於新台幣約9,000萬元。

　　交通部運輸研究所曾在2000年時，就「交通事故與交通違規之社會成本推估」為題，辦過一場研討會，許多學者用不同的方法對國人的生命價值進行估算，最高達12,000萬元新台幣，最低也有553萬元。美國人的生命價值估計約60萬到1,620萬美元（相當於新台幣1,800萬到48,000萬元）。在日本，交通事故的死亡案例，有判定賠償1,800萬元新台幣的情形。其他項目如受傷、車損、公共設施、行政處理、違規成本等林林總總加起來，都是非常可觀的。（林大煜等）

　　這些研究數字所顯示的金錢價值，與我們在日常生活裡所想像的完全不一樣，與我們看到的實際賠償金，完全不成比例。當前的死亡給付是新台幣兩百萬元。過去剛開始的汽車強制責任險只給付120萬元，這還是柯媽媽用了八年時間成立一個基金會，長時間在立法院前擺攤抗議，感動了李登輝總統才換來的。如果生命賠償值是120萬元，與最高估計值的一億兩千萬元相差一百倍，真正生命的價值只值百分之一，百分之九十九要由受害人家屬來承擔，是否合理公平？而開車上路的駕駛人，是否有能力賠得起？

汽車對於空間的掠奪

一個人當他站著靜止不動時，占據五平方英尺的空間，當他散步時，或許占據十平方英呎空間。一輛汽車紋風不動的時候占據大約350平方英呎的空間，（含汽車所使用的通道在內），前車與後車相隔三車的距離，以每小時三十英里的速度向前行駛，佔據的空間為一千平方英呎。

正如我們所知，大部份時間，汽車是極佔空間的。這意味著，當人們使用汽車時，每個人開車所佔據的空間，幾乎是他步行時所佔空間的一百倍。汽車除了消耗資源外，也是很耗費土地與空間的產物。建設一英里的公路，大約要二十五英畝的土地，換算成每鋪設一公里的公路，需要超過兩萬坪土地。（Christensen1990, p.115.）

現今，汽車已是獨一無二最具影響力的都市空間型塑者。建築設計師彼得‧索爾（Peter Calthorpe）曾經描述汽車影響力的一些特徵：「現今汽車正在界定我們人造環境的科技，它設定我們城鎮的形狀，主宰街道的規模與建築物的關係，有廣大停車場的需要，以及讓我們感受到兩地間的速度。在便利與壅塞之間，汽車主宰了一度由行人、單車騎士、電街車以及一般社區公用共享的多樣性街道。」（Cathorpe, 1991. p.45）

美國人在1960年時，住在城市、郊區、鄉下各有三分之一，1990年代，有一半的人住進郊區。1970-1990加州住民增加約四成，城區與郊區的用地卻增加一倍。此期間可稱之為「美國的第二度郊區化」，估計城市空間約有一半的土地用於汽車為主的交通設

施。（Register, 2002. p.23.）洛杉磯市為了駕車人的方便，為每一輛車準備約八個停車位，其代價是讓用於行駛與停車的土地面積超過全市區三分之二。德國尚未統一前的西德全國道路面積已達5%，加上停車場和車用的空間合計要占11%的國土。（Martin and Freund 1993, p.19）

由於使用汽車的方便，使空間變得壓縮，也使得城市中心區顯得擁擠時，大量汽車族搬往郊區，形成城市蔓延擴散（urban sprawl）的嚴重問題。第一階段城市擴散時代，開始於十九世紀下半葉，沿著鐵路與輕軌路線向外延伸，汽車興起時代是第二階段讓郊區化變得更加深廣，甚至讓汽車主宰傳統的通勤方式，讓輕軌街車逐漸消失，「繼之，汽車讓郊區延伸更無所羈絆，更超越大眾捷運所能辦到的功能。」（Hall, 1988. p.315.）

珍・雅各（Jane Jacobs）的汽車觀點

珍・雅各在1961年出版《偉大美國城市的生與死》（*The Death and Life of Great American Cities*）一書而聲名大噪，她也因積極從事社會運動而一舉成名。她在1960年代已有很先進的觀點，強調人們要重視有機城市的整合、恢復城市的獨特性，重現都市的公共空間，要抗拒以汽車為主的城市規劃，頗具有革命性的前瞻視野。

珍・雅各認為，我們責怪汽車太多了，汽車基本上仍是必要的運輸工具，特別是大城市，它可以緩解都市的緊張、空虛、單調制式化，此其同時，也可以將都市從市民健康的負擔中，解放出來。

她引述克雷斯韋爾（H. B. Creswell）生動的描述，1890年代倫敦霧都街頭的景象，當年都是用馬匹帶人，用馬車來搬運東西，街頭很髒亂，到處是噪音，下雨時處處充滿泥濘，還有馬糞臭氣薰天，所有的印記都是馬匹留下的。汽車的出現要比馬車更乾淨，甚至安靜得多，至少可以代表城市與汽車的關係，是一項歷史上進步的笑話（jokes），可是旋即跳出狼口，卻步入虎口，大量的汽車確已湧入與行人的爭戰之中。

她提出「城市侵蝕」（erosion of cities）的概念，訴說城市是逐漸的被汽車侵蝕掉的，侵蝕的過程是由一點一滴逐漸累積而成，侵蝕過程如同漣漪般，從小圈圈逐漸擴散變成滔天大浪。她認為，汽車壅塞後人們讓街道加寬，變成單行道，變成立體道路，後來形成一整套的高速公路網。愈多的汽車湧入形成「正向反饋」（positive feedback），終於到不可收拾的地步。

汽車對空間的主宰性，珍·雅各有一段簡潔生動的描述：「汽車確實困擾所有城市的愛好者，交通幹道伴隨著停車場、加油站、露天電影場，都是強力顯眼的城市毀壞設施。為了融入它們，城市街道對步行者而言，被碎裂成鬆散不協調空間。地標傾倒或被切碎，都市生活的內涵，變成完全不相關的瑣事。城市特性變得模糊，幾乎所有的地方都長的一個樣（Noplace）。在最破敗的地區，大型購物中心、住宅區、公眾集會的場所，或是工作中心，都無法各自獨立運作，讓人傷痛。」（Jacobs, 1961, p.338）

當時流行的解決方式是，留一處給行人，再分另一處給汽車。但是，這種設計是有前提條件的，就是要減少汽車的絕對數量，

才能成功，否則將面臨城市的崩解，而不是拯救。她也提到美國大型商場規畫的先行者，維克托·葛蘭（Victor Gruen）的理念，以及1955年起在德州沃斯堡（Fort Worth）開展步行街的成功計畫為例。這很接近我們所謂的「總量管制」的概念，她認為，惟其如此，才能讓都市從汽車大陣仗中解放開來，讓汽車在城市中發揮應有的功能。不過，這一項重大策略要方向正確，措施是無窮盡的，找到方法要逐步漸進地來推展，市民的習慣與調適性，也不是短期間內可以改變，一步就可到位的。

▶▶▶ 影音集

烏拉圭的總統荷塞・穆西卡（Jose Alberto Mujica Cordano）
在2012年聯合國永續發展大會上一番振聾發聵的演說：
https://youtu.be/SBfRREqqe-8

https://youtu.behttps://youtu.be/BsITQELWvCs/BsITQELWvCs

03

公有地悲劇的警示隱喻

> 地球最令人擔心的事，就是沒有辦法
> 阻止它成為一個世界，如果只有一個
> 世界，任何事件走偏了，全部的事件
> 也跟著走上岔路。
>
> ——Kenneth E. Boulding

　　如果汽車漫無目的的使用，土地的空
間有所限制，汽車大量使用，很快就會墜入
所謂的「公有地悲劇」（the tragedy of the
commons）的情境之中。

公有地的悲劇

　　這一詞係出自人類生態學家蓋瑞‧哈汀（Garret Hardin）於1968年十二月刊載在《科學》（*SCIENCE*）期刊的一篇文章標題。哈汀所提出的概念，道出人類社會面臨前所未有的困境，哈汀所指涉的是人口問題，人口漫無目的的成長，將使地球崩解潰散，他說道：「自我追求的利益，並不能促進更大的公共利益」。他也認為，世界資源是有限的，愈多人口將使每個人分配的物質愈少，科技尤其是農業技術，基本上是無法改變現狀的，我們不可能讓人口無止盡的擴張，卻又要同時滿足每個人的需求。

　　自古以來，人們就知道，任何公有共用的東西，必遭群體濫用。希臘哲學家亞里斯多德早已說過：最大多數人共同使用的東西，必定獲得最少的照管。話說如此，此一濫用的現象，很少人認真地探究其底蘊。

　　有位英國經濟學教授威廉佛斯特‧洛伊（William Forester Lloyd）在1833年時，曾對公有地做過分析，他認為，一個牧人不斷地在牧場上增加牲口，收益只會逐漸達到飽和狀態（saturation），多放牲口無實質利益收穫，反而會逐漸漸少。放牧在公有牧地上的牲口變得羸弱瘦小，公有地上既荒蕪又殘破不堪，這些景象乃是在公有地理則下的必然結果。公有地制度是在中世紀莊園制度下的產物，通常會在私人莊園之外，空出一塊公有地，供一般民眾在上面自由放牧。

　　在公共牧地上，許多放牧人都依賴這塊牧地維生，每個人都想

盡量多放幾頭牛，由於公地有限，很快牲口的數量就超過土地的負載能力（carrying capacity），於是牲口加多，很快耗盡，牧場遂告惡化，終至完全摧毀，所有牲口亦不能存活，牧人也將失去生活的憑藉，這就是所謂的「公有地的悲劇」。總之，在洛伊看來，這種悲劇是「必然」的趨勢。

公有地的悲劇之所以會發生，是因為我們對於這種公共資源的有限性，欠缺事實的認知。過去四百多年，讓我們認知，這世界是取之不盡用之不竭的，但是，我們愈來愈覺得，資源會耗盡是一個「事實」。

肯尼士‧伯爾丁教授（Kenneth Boulding）曾提出「牛仔經濟」（cowboy economy）的概念，認為人在地球上肆意的放牧摧殘，也是開放社會的特徵，地球將逐漸步向衰亡。他也提出太空船經濟學（spaceship economics）的概念，說明整個地球像艘「太空船」，也有近似像一個封閉系統，他顛覆了我們長久以來對世界的認知。他認為，經濟學家們提出生產與消費的概念是件壞事（bad things）而不是好事（good things），是非常怪異的，他們已經被所得流動的概念（income-flow concept）所迷惑，完全被排除「資本存量的概念」（capital-stock concept）之外。在文章最後結尾，提出一項解方，希望能解決更大的危機問題，他也希望，要從眼前與中程問題開始解決，這項溫和的樂觀主義（modest optimism）總要比沒有樂觀主義（no optimism）要好一些吧！（Boulding, 1966）

公有地悲劇理則解析

公有地悲劇幾乎隨處可見，也在我們周遭發現，這種理則支配下的行為日日發生。「牧地」一詞可以泛指所有的公有財資源（common-property resource），例如油田、漁場、甚至是我們的地球。

公有地悲劇形成的前提條件有三項：

1、有限的資源，如空氣、河流、土地、農田、海洋漁場、油田、國家公園等。

2、消耗資源的方式，如大批牛羊牲口啃食草原、大量人口消耗糧食、汽車消耗汽油等。

3、牧人的「不理性」思考。

前述任何一項前提只要去除一項，就可避免悲劇的發生。譬如說，我們可以不斷地找到新的「牧場」，如油田、漁場，悲劇就不會發生。

擴大「牧地」並不容易，像十五世紀歐洲人發現新大陸的機會，再也不會發生。而今世上除了極少許的地區外，能開發的土地都已經開發。油井也一樣，許多專家預測，在三、五十年內，地球上的石油將逐漸耗盡。漁場又何嘗不然？許多魚種已經像藍鯨、抹香鯨一樣在海中慢慢絕跡。世界上捕魚技術日益精進，但是漁獲量卻在往下遞減，這也顯示豐富的漁場正在所謂的「生物沙漠」海洋中逐漸消逝。

改善我們的牧牛法、鑽井工具、漁船的捕撈技術，使它們不

致毀壞公有地的可能性又如何？我們相信，科技的進步可以使我們在一塊有限的土地養更多的牛，但就長遠看，科技的運用只有擴大「牧場」，卻沒有使牧場由「有限」變為「無限」。因此科技的運用，僅僅拖延悲劇發生的時間，卻無法使「牧場」免於崩潰之命運。

從另一個角度看，科技的應用可能加速悲劇的到來，例如，鑽井的技術可能使從發現到汲出的時間縮短，加速石油的耗竭；捕撈漁獲的技術進步，可能導致漁場大量的消失，而使「公有地」崩潰的情形更加嚴重。

由於前兩項前的條件都是相當難以改變的，我們不得不寄望於第三個假設前提，就是去改變「牧人」的心態與思想。

公有地的悲劇可說是牧人心理邏輯的外在體現。如何使牧人採取自我限制的個人道德行動，對於公有地並無任何助益，除非每個人都採取一致的自限行動，如何使大家一同採取自限行動是政治學上的難題，也是最難改變的一項前提條件。所以許多政治領導人都不願循此途徑，卻又回頭轉向到前兩項前提，尋找出路。

免於崩潰的命運

在前面討論油井與漁撈的案例中，我們已隱約地見到公有地悲劇的解決方法。一般防止悲劇的發生大致有兩條途徑。

第一條途徑是將公有地劃為私有，使公有地變成每一個牧人擁有一塊屬於自有的私地。由於每一個牧人都擁有一塊牧場，才會將牧場好好利用，限制牲口的數目，維持草地的茂盛，牧牛才可能養得壯碩。競爭變成良性發展，整個公有地因此得以維持在最適狀態

（optimum state）。

第二條途徑是藉著訂一套有效的規範，嚴格地執行，違規者嚴厲處分，由於嚴格規範，每個牧人無法任意放牧，公有地得以保存下來。哈汀的論述，往往被誤解成為「私有化」辯解的主張。

上述兩條途徑，對於公有地的崩壞多少有些作用，前述油井的案例，大體屬於應用第一條途徑成功的典範，不過也要混入第二條途徑的管制方式加以配合。漁場是應用第二條途徑不太成功的案例。我們也看得出來，油井與漁場的案例，有許多不相同的地方，其中最重要的一點是，漁場的主人是國家與公海，在公海上若不能採用「公地私有」的辦法，成功的機會就少很多，這也是國際政治上最頭痛的一項問題。

汽車的類比

對應公有地悲劇形成的前提條件，汽車使用首先必須面對的是有限的資源，如城市土地、高速公路、城市道路、大型停車場等；汽車本身就是最消耗資源的方式，如汽車引擎車體、汽油、柴油、機油、輪胎等等；最後所需面對的是駕駛人的理性思考。

解決悲劇的方法是多設立體道路、停車場讓空間加大，讓汽車做小一點、變得減少油耗、讓引擎更具效率、油電混和等等。最重要的是，政府要有更好的管理系統，如限制汽車在市區移行、加收費率使購置成本升高、管制購車的條件（如新加坡）、教育民眾自律等等。但是，這樣能化解問題嗎？我們可能需要進一步深入思考汽車問題的複雜性。

汽車與牛隻的隱喻（metaphor）

　　為何不能用汽車？讓我想起1977年在南加大的教授羅慕斯
（Professor A.G. Ramos）。他曾說道，他就是不明白，為什麼印
度國父甘地不允許印度人吃牛肉，當時我也以為老師說得對。回
國後，偶然間發現，文化人類學家馬文·哈里士〈Marvin Harris〉
早在1966年時就寫過一篇文章〈印度聖牛的文化生態學〉（"The
Cultural Ecology of India's Sacred Cattle"），之後收錄到他的書
中，書名為《母牛、豬、戰爭與巫師：文化之謎》（*Cows, Pigs,
Wars and Witches: The Riddles of Culture*）。

　　哈里士對印度人視牛為神聖的宗教文化做了合理的詮釋，描述
生動又具有說服力，也解開了這種傳統文化上的謎團。

　　哈里士認為「聖牛」在印度扮演著重要的角色，與整個社會
生活型態有密不可分的關係，是無法用西方人角度來看待。印度有
一億兩千六百萬頭牛，這些牛提供印度人主要地耕種動力。牛糞也
很可觀，一年排出七億公噸，一半作為肥料，一半作為燃料，印度
主婦使用的牛糞，合計約相當於3,500萬噸的煤，或相當於6,800萬
噸的木炭。牛糞也是尋常百姓家舖設地面的材料。

　　哈里士的主要論點是，他並不贊同，屠牛與吃牛肉的禁忌對
於印度人生存的福祉有任何不良影響。相反地，牛被視為神聖的習
俗，更有法律的保障，甚至將牛的權利列入憲法。1944年夏天，因
為二次大戰期間，曾因大旱發生大饑荒，很多人開始屠牛吃牛肉，
英國人不得不動用軍隊來鎮壓，強制執行保護牛隻的法案。

哈里士分析，對甘地來說，「聖牛」是他喚醒印度國家意識和奮鬥的焦點，甘地與英國統治者都深刻了解，印度人視為聖牛的社會意涵及經濟上的必要性。如果印度人開始大量屠牛，很快就會造成隔年春天耕田動力的缺損，進而造成農作物收成減少，引發更大的饑荒。

哈里士認為，「對熟悉現代農牧技術的西方觀察家來說，喜愛母牛是愚昧的，甚至是自殺的行為」，但是實際上「熱心提倡殺母牛的人，犯了我們所理解的推理錯誤」。耕牛缺乏嚴重威脅印度的農家，一頭患病的牛會使一家農民面臨喪失耕地的危機，如果沒有別的牛可以取代，他們就要去借高利貸。事實上，每年都有成千上萬的貧民變成遊民，充塞於各個都市的各個角落。引進現代化的農耕技術，印度人根本買不起耕耘機、肥料。打破殺牛的禁忌可能會帶來整個社會的崩壞。

西方人說，即使是要耕作，也不需要這麼多牛隻。哈里士認為，這是他們不了解印度社會的結構，43%的牛隻係屬於62%的貧農所有，若奪走這些牛，可能促使一億五千萬的人離開家園，進入城市謀生。

哈里士明白指出，「牛的愛好激發人類的潛在能力，以求生存於一個絲毫不容許浪費怠惰的低能量生態體系之內。」他引用生態學家霍華德‧歐丹博士（Howard Odum）的發現，在西孟加拉牛隻的能源效率是17%，在美國西部牧場的牛群卻不及4%。

哈里士在結論中指出，工業國家的高生活水準不是較高的生產效率形成的，主要的是，所消耗的能量有驚人的增加。1970年美國

每人平均使用相當十二噸煤的能量，而印度人只使用五分之一噸。汽車與飛機比牛車不知快多少，卻不見得更有效率的使用能源，在美國交通壅塞的時刻一天所排出的廢氣熱量，就比印度牛隻一年耗費的熱量要多，更何況汽車消耗的是經過億萬年歲月所積聚的石油。

「如果你想要看真正受人鍾愛的聖牛，你何不走出門仔細端詳一下你家的汽車。」哈里士就是這麼說的。

04

永續發展都市的典範
——庫里奇巴啟示錄

> 庫里奇巴令人印象最深刻的成就,是
> 處於發展中的國家,卻能運用簡單的
> 哲學理念,加上堅持不懈的實驗與改
> 進,創造出一座已開發國家的城市。
> ——Paul Hawken, Amory and Hunter Lovins

傳奇故事城

　　談起現代都市的規劃與管理,不論在理
論或實務方面,西方先進國一直是所有開發
中國家欽慕學習的對象;但是,在南美洲卻

有一個例外，有個過去名不見經傳的城市，卻在都市規劃及發展方面享有盛名，不僅吸引眾多先進國家的學者政要爭相前往觀摩，許多國際大都會的市政官員也紛紛前往「學習」。這個傳奇城市，在我國的官方譯名為庫里奇巴（Curitiba），是巴西東南方巴拉納（Parana）州的首府。

其實，庫里奇巴市受到西方世界的注目已有多年，有「世界上最好城市」的美譽。[註1]美國頗負盛名的世界觀察研究所（Worldwatch Institute）推崇它為最適合居住的城市，是城市建設的「楷模」。英國建築及社會住宅基金會（Building and Social Housing Foundation）為表揚庫市的優異公共交通系統，破例頒出該基金會對外國唯一的獎項給庫里奇巴市。1990年聯合國環境計劃署（United Nations Environment Program, UNEP）頒給庫市一座最高榮譽環境獎，表彰庫市資源回收方面的成就。

過去三十餘年來，曾經前往庫市觀摩的團體多得不可勝數，巴西本國各大城市不論，考察團體來自各方諸如紐約、多倫多、蒙特婁、巴黎、里昂、布拉格、聖地牙哥等，甚至遠在南非的開普敦也派人自庫市「移植」一套設計市街的方法。

國際新聞媒體對庫里奇巴也多所推崇，洛杉磯時報稱庫市為「最具創新力的城市」，華盛頓郵報稱許它是「管理最佳的城市」。1999年十月美國運輸部長史賴特（Rodney E. Slater）率領五十人的代表團訪問庫市，並與巴拉納州簽署合作協定，長期派員參與庫市「捷運系統」規劃，以便深入了解學習，美國各州所派出的代表團更是絡繹不絕於途，「取經」人潮從未歇止。[註2]

曾在1970年代為羅馬俱樂部（Club of Rome）撰寫「成長的極限」（Limits to Growth）而名噪一時的密多斯（Donella Meadows）教授，也以「凡事領先樣樣第一之城」（the city of first priorities）為題專文介紹庫里奇巴。密多斯說：「巴西庫里奇巴市的市民認為，他們已經住在世界上最好的城市裡，許多外地人也都同意這點。」（Meadows, 1995）

到底，庫里奇巴是個什麼樣的城市？它有什麼奇特的地方值得先進國家學者官員紆尊降貴虛心求教？本章擬就庫市在都市規劃及管理方面的成就作一介紹，並簡要探討庫市對我國城市發展所具有的啟示意義。

快速成長之城

庫里奇巴市可說是全巴西成長最快的都市。1950年以前，庫市人口不到30萬，1970年以後快速成長，每年人口增加率超過7%，至1990年市民數已超過189萬人，2000年總數更高達242萬人，每平方公里密度約5,600人，每年仍以3.4%的速度增長，較巴西一般城市1.5%的成長率高出一倍有餘。

庫里奇巴市傳統上以農產品為主要經濟活動，現在已經發展成工商發達人文薈萃的國際都會。類似這種快速膨脹的都會裡，總不免有些失調的「都市病」，諸如失業率高漲、違建擴張、交通壅塞、攤販滿佈、環境惡化等，庫里奇巴市不但絲毫未見此種衰敗癥狀，反而處處顯得井然有序，欣欣向榮。

1990年代末期，庫市市民年平均所得約8,000美元，高於巴西

國民平均所得5,000美元甚多,儘管如此,由於巴西貧富懸殊,庫里奇巴大部分市民的實質所得,仍遠低於全國平均值。無論從那一個角度來看,庫市都沒有締造「世界最好」的條件,然而呈現在世人面前的是真正的巴西奇蹟,一個一流的大城市,光鮮奪目,絲毫不假。

庫市之所以有今日的成就,首要歸功於一位深具睿智遠見的市長傑姆·勒納(Jaime Lerner)。自1971年勒納接受軍政府任命,擔任庫市市長,先後三任,除了不連續的十二年任期外,他也長期擔任市政規劃單位的主持人,庫市的長期發展計劃得以維繫並逐步落實。勒納市長的中心理念就是簡單化(simplicity),都市建設不是很複雜難搞的事情,最重要的是要永續(sustainability),移動(mobility),還有多元文化的認同(identity)(註3)。他後來去接任巴拉納州州長,2002年後退出政壇,聯合國還授與勛章,表彰他的貢獻。2010年,時代雜誌讚譽為最有影響力的思想家。

極具創意的公共運輸系統

庫市最值得驕傲的成就,首推它的公共運輸系統。這套快捷巴士系統 (Bus Rapid Transit, BRT)係逐步成形,有地面地鐵(Surface Subway)之美稱,全部由兩千輛巴士,三百四十條路線所構成。第一條二十公里的巴士廊道完成於1974年,有二十一個轉運車站。

庫市街頭見不到一般大城市道路壅塞的景象,市街建築的發展很早即與大眾運輸系統合併規劃。市中心商業區是全市重心所在,

有五大條主幹道伸展而出，隨著都市擴張，住宅及工廠就沿著主幹道周邊興築，發展成條狀的走廊地帶。這五條主幹道上設置所謂的快速公車專用道，每一分鐘一班車，尖峰時間甚至縮短為半分鐘，每站間隔約1,400公尺。為了使載客效率提升，公車有加長拖掛兩截的設計，一班車最多時可容納278人，快速公車在路口有優先通行權。

在五條主軸快速路的頂端，設有大型轉乘車站，乘客可以轉搭普通公車到郊區的任何一點。在快速公車專用道上，每二公里設有一座中型車站，可供轉乘繞行中心的環狀公路的區間公車。在主軸快速路上的乘客，不必到中心區即可在中途轉乘區間公車接上鄰近的另一條主軸線，或在二條主線中間任何一點下車。

快速公車，區間公車以及普通公車分別以不同顏色區別，便於辨識搭乘。這種類似蜘蛛網的結構，形成綿密路網，民眾從市區任何一點可以很快抵達另一點，毋需繞道，通達便利。最方便的是一票到底的設計，市民只要用一個車票代幣，可以通行全市任何一點。

一票到底的設計必須在接駁車站裡有些配合設施，乘客不出站，轉乘就無需另行投幣，為使乘客候車不致枯燥難耐，轉乘車站經過規劃，設置一些報攤、電話亭、花店等方便利用。

庫市快速公車系統中最具創意，也令外國人嘖嘖稱奇的傑作，就是快速公車候車站的設計。

這種一般所謂的候車亭，在庫市卻設計成像倒下的筒狀罐頭，用金屬及玻璃構築，兩端開口可供乘客一進一出。進口處有類似進

入超市的三叉旋轉隔架，丟下代幣即可依次進入（現在已改為刷卡）。公車到站，乘車者在筒狀車亭中可直接平行移動進入公車。每輛公車有三個門，門做得寬敞，一個門供乘客上車，另兩個門供乘客下車，上下車通常只要十五至十九秒即可從容完成〔約與台北捷運的車停時間相近〕，由於事先進入筒狀車亭的人已經先行付費，車亭地板又與公車地板等高，乘客移動自然迅速。這種設計構思有點類似小型的捷運站，上下車時間比一般公車要節省百分之三十以上。筒狀車亭不是只考量速度，殘障者也可以利用亭旁升降機進入車亭，設計精心巧思，也極具人性考量。

卓越的公車管理制度

庫里奇巴市的公車管理也有獨到之處。庫市所有公車分由十家民營公司經營，市政府不必投資經費。公車的管理機構係以95%的官方資金成立，負責整體行車規劃管理及收益分配。巴士公司依他們行駛公里數參加營收分配，所以巴士依服務規範行駛，不必搶黃金路線，也不會惡性競爭搶奪乘客。

這套巴士管理系統，除了有效率、方便、快速的優點，最令市民窩心的就是便宜的費率。一票到底的制度，減少多次轉乘付費的麻煩，每個代幣只要大約四毛美金的車費，即使經常搭乘上下班，估算負擔不會超過市民所得百分之十，幾乎人人搭乘得起。1991年當快速公車開放行駛時，約有28%的乘客，原先是開小客車上下班的。

庫市擁有小客車數相當可觀，2007年時大約每三個人就有一

輛，但由於公車既便宜又方便，七成以上的庫市民眾選擇搭乘公車上下班，因此每個市民平均所消耗汽油比一般巴西城市人少30%，這座城市是全巴西空氣污染最低的都市。

　　庫里奇巴的公車系統所展現最奇妙的管理成效，也是大多數城市望塵莫及的，就是它的財務狀況。十家巴士公司所收到的分配營收，足以支應開銷，還有盈餘可分，根本不需要政府作任何補貼。

　　即使是報廢公車的處理也見巧思。庫市公車管理處每個月以巴士車價百分之一交給巴士公司，公車除役時必須移給市政府處理，或者放置在公園或者在其他適當地方作為環保教室之用。由於引進新型巴士甚速，在行駛中的公車平均年數不過三年左右。

全面性的資源回收

　　資源分類與回收是庫里奇巴另一項值得驕傲的成就。庫市市民每天回收的紙箱相當於1,200棵樹。市政府曾推動「垃圾非垃圾」計畫，吸引七成以上的家戶回收垃圾資源。另外特地為低收入戶設計「收買垃圾」計畫，鼓勵窮人清理髒亂，有些地方巷道狹窄，綠色的大型垃圾車無法進入，市政府鼓勵窮人拿垃圾到大街上收集點換取食物、公車票或學生簿本。全市62個貧窮社區，超過34,000戶人家，以11萬噸的垃圾換到100萬枚巴士代幣以及1,200噸食物。學生每年蒐集垃圾所換回的筆記超過600萬本。另外市政府僱用退休及失業民眾，負責掃街，整理市容，分類垃圾資源等工作。

　　這些創新措施大量動員市民參與，所用的都是勞力密集的方法，看似「笨拙」，實則因為動員成功，且未使用高度科技化的動

力機械，不但不必花費龐大投資，回收資源又有收益，整個都市的垃圾問題，市容問題，失業問題均在巧妙的規劃下，同時相應迎刃而解。

依自然設計的規劃

著名的都市計畫理論家麥克哈格（Ian McHarg）早在六十年代末期出版《依自然設計》（*Design with Nature*）一書，成為經典（McHarg, 1969），但是多少年來卻少見真正全面實踐這些經典理念的具體案例。「永續發展」的理念在最近幾年蔚為世界性的風潮，也同時影響都市計畫的理論實務，但是仍然有如麥氏理念，少有全面實踐的案例。庫里奇巴市可說是將這些理念完整呈現的典範，也是所謂生態城市（ecocity）的樣板。

庫市在1950年代以前一直為水患所苦，由於都市發展快速，房舍工廠沿河岸而築，妨礙排水，小水流又都加蓋，使水患更加嚴重，整治困難。市府的對策是低地限建，逐年將河岸闢建公園及人工湖，在湖岸及公園發動市民勤加種樹，廢棄的建物均改裝成運動及休閒設施。最具創意的是，在公園內的歌劇院也是用廢棄的電線桿建成的。

公園內到處有步道及自行車專用道，這些小路均銜接市府的公車系統，便利民眾利用這些設施。庫市所設的自行車與步道總長達兩百公里，足可媲美

許多先進國家的城市。

　　此一策略明顯奏效，從此水患不再，而市府也沒有在治水工作上投下太多經費。市民是最大的受惠者，由於廣闢公園，發動市民種下四百萬棵樹，庫市每人平均分配的綠地面積自1970年每人的1平方公尺擴充到1997年的52平方公尺（同年台北市民綠地面積只有4.45平方公尺）。最有創意的是施放羊群在公園中啃食草葉，這樣就不必勞師動眾雇用人工，用除草機剪除草坪，製造噪音。這段時間正逢庫市人口急速增加，每人享有的綠地面積仍能大幅增加，生活品質未降反升，委實難能可貴。

凡事領先樣樣第一的城市

　　庫里奇巴有傑出的土地規劃與交通系統，有完善的社區動員，有全面性的資源回收計畫。但是這些並不足以概括庫市的卓越全貌。用密多斯教授的話，這個城市「事事領先，樣樣第一」似乎描述的較為傳神。

　　密多斯教授認為，勒納市長有理想、有創意、有遠見，是庫市成功的首要功臣。勒納提出的許多措施領先潮流，令先進世界的都市規劃者亦稱讚不已。勒納主持市政時，計畫在市中心區開闢行人徒步區，初設時，當地商家群起反對，勒納堅持先試辦三十天，結果大獲成功，其他商店街紛紛要求加入試辦。庫市有行人徒步區設置的地區多達二十七處。

　　勒納市長為了照顧孤兒及流浪兒，他要求商家工廠公開認養，提供一些簡單的工作，並發給工作者一些薪水及食物。勒納對攤販

管理也有獨到做法，他把攤販組織起來變成像商團一樣，在市區間找空地作露天商場，巡迴各地，攤販不再散布各地形成問題。

勒納對於提供綠地的建築給予稅賦減免，對於擁有歷史性建築的地主，提供相當的土地以為交換，保存古蹟，施政用心處處見到巧思。由於勒納的文化政策的實現，這座城市已有25座電台、14個電視台、3個管絃樂團、20家劇院、30個公共圖書館、74個博物館。這些傲人的數據，比起先進國家的大城市亦不遑多讓。根據1991年一項民意調查顯示，庫市99%的住民都表示願留在庫市之內（紐約市民只有60%）。（Rabinovitch and Leitman, 1996）在許多都市規劃的教科書上常見引用庫市的故事，作為規劃成功範例的個案。

後續效應

2001年，根據美國國會General Accounting Office（GAO）調查，每英哩BRT的建設經費需要1,380萬美元，是輕軌的四成，營運費用也較便宜，近幾年提供66億美元，補助各大城市設立公車捷運系統。羅伯特·切爾韋羅（Robert Cervero）曾做了一項國際比較，也認為這是最省錢的運輸方案，同樣長度的地鐵要貴上十倍，輕軌也要貴上四倍，施工時間也遠較地鐵為短，載客量也與輕軌不相上下。（Cervero, 2013）

保羅·霍肯等作者（Paul Hawken，Amory and L. Hunter Lovins）也誇讚，庫市每條快車道每小時可運送兩萬名乘客，這數字幾乎與一條地鐵線相差無幾，成本也遠低於一百倍，比火車建設

要低十倍，施工期只要六個月，而不是一整代的時間，里約熱內盧的地鐵者有庫市BRT載量的四分之一，耗資卻是它的兩百倍。（吳信如譯，2002，p.394）

鄰近國家如日本、韓國、印尼都有大城市建設捷運公車，過去曾任漢城市長的韓國李明博前大統領，為推動公車捷運，曾親赴巴西考察，回國後先闢建三條，得到國際的讚譽，在首爾市此後有更大規模的BRT推動計畫。

大陸也有包括北京在內二十個城市展開公車捷運化，建設的專用道近千公里。2004年大陸雖然仍有二十項地鐵計畫仍在進行中，國務院已決定要中止所有的地鐵計劃，因為不服成本效益的經濟原則，簡言之，就是地鐵太貴了。上海為舉辦世博會，眼見蓋地鐵緩不濟急，曾大規模推展BRT以為因應。BRT已經是世界公共運輸的主要發展潮流。

過去這些年先進國家也甚重視，歐美城市包括洛杉磯、倫敦至少有67個採用BRT，歷經近四十年的發展，到2014年全世界BRT城市已超過186個，也已經超過自1863年英國倫敦開發地鐵以來的城市數目（2012年調查有184個地鐵城市）。（wikipedia）

2014年後，庫市政府要開始公私合營建造地鐵17.6公里，BRT在庫市的階段性使命任務已經慢慢退居二線，此點殊值得台灣政治人物學習效法。

庫里奇巴市給台灣的啓示

在聯合國及世界銀行工作的兩位規劃專家，曾就庫里奇巴的

成功故事，在著名的期刊「科學美國人」（Scientific American）發表專文報導。他們在總結時表示，庫里奇巴的成功，雖有它獨特的政經地理環境背景，但是對於已開發或開發中國家均具啓發性。他們認為，其中最重要的一點，就是城市的管理與規劃，應該把大眾運輸的優先性擺在小客車之前，同時也應將自行車及行人道的順位，放在機動車輛之前，當然自行車道與人行徒步區也應該與道路網整合興建。（Rabinovitch and Leitman, 1996）

此一論點相當重要，也符合當前講求永續運規劃的時代新趨勢，卻常為各國都市規劃者所輕忽。庫市經驗對於我國的都市規劃與管理極具參考性，除了上述一點外，有三方面特別值得注意。

第一、整體規劃應落實「永續」的理念。庫里奇巴的都市規劃遠早於永續發展觀念流行之前，但是庫市各項措施與當今永續都市發展的思潮完全吻合。換言之，庫市提供了永續發展理論的實作版本，也多少解開現代人們常爭辯的經濟與環保難題，印證透過方向正確的規劃、周延的行政措施，即使在不甚富裕的經濟環境下，創造良好的生活品質仍是可能的。

規劃應在問題發生之前，但並不表示，有問題就不能再做整體規劃。勒納市長曾說：「有一種悲劇正荼毒我們對城市的想法，人們常說問題太大了，沒有解決辦法行得通，那是失敗主義的心態以及不做事的藉口。根本之道就是要立即開始動手做。」（Meadows, 1995）

良好的市政規劃通常出自一組陣容堅實的規劃團

隊。庫市市政的許多巧思創意來自1965年成立的研究規劃單位（Research and Urban Planning Institute of Curitiba，簡稱IPPUC）。在推動都市發展計畫遭遇問題時，IPPUC提出許多頗具創意的解決方案，功不可沒。國內大多數市政府缺乏這樣的規劃團隊，也缺乏具永續理念的整體規劃，這是我們的都市管理無法推陳出新的關鍵所在，不但擺脫不了老問題的糾纏，面對層出不窮的新問題，也只能見招拆招，疲於「應付」，遑論長遠及大格局的規劃。

第二、考量適應國情「適當技術」的採用。英國著名的生態思想家舒馬克（E. F. Schumacher）在他有名的《小即是美》（*Small is Beautiful*）一書中，曾提出「中庸技術」（intermediate technology）的觀念，告誡發展中國家，採取西方先進技術不宜照單全收，應當調整成有「適當技術」的觀念（Schumacher, 1973）。庫里奇巴市採用巴士作為大眾運輸的主幹，雖有其歷史淵源，但仍是採用「適當技術」的最佳案例。 當初庫市未採用地下鐵或輕軌系統，主要是基於財務的考量，庫市的快速公車系統包含筒狀車亭，每公里造價不過二十萬美元，一般捷運系統卻需高達六、七千萬美元，顯非該市所能負擔。庫市目前正規劃建置輕軌系統來接替快速公車，由於公車專用路道早已存在，庫市要作此轉換，顯然要比其他城市容易得多。

反觀我們台灣各城市,不論人口有無百萬,均想立即開發捷運系統,除了台北都會不計外,擬議中的地區包括高雄、桃園、新竹、台中、台南、嘉義,全部規劃路線總長達311公里(魏啓林編,1991, pp.262-266),以高雄市規劃系統的單價每公里45億新台幣計算,全部建造約需新台幣14,000億元,相當於當年的中央政府總預算。有些城市雖已擬議採較便宜的輕軌系統,但後續的路網延伸仍是難以估計的沉重負擔,以當前政府債台高築,國內又欠缺建造捷運技術的情形看,這種規劃不僅缺乏對國家整體發展的觀照,也未了解此一發展方式的潛在負面效應。

第三、生態及環境教育應普遍實施。永續發展觀念的培養不僅在規劃階層顯得異常重要,在社會其他各個階層亦有必要廣為傳揚,甚至應該納入正式的教育體制中全面教導。庫里奇巴市的規劃者深切了解,推動各項市政改革,需要各階層市民一齊動員,勢需先行溝通觀念。庫市在推動有關資源回收、美化市容公園、清理社區的各項措施中,沒有忘記時時灌輸民眾有關環保的觀念。庫市著重教育文化,尤其注重環境教育,小學自一年級納入環保課程,環境教育成為教育的重點。

勒納市長利用大量廢棄的電線桿,在公園裡構築了一所開放的環境大學(Open University for the Environment)作為公眾環境教育之用。他透過一批受過訓練的青年人

和老師去指導各行各業的人，如學生、家庭主婦，建築監工，店員等，提供免費的課程，教導他們日常生活如何做好環保，甚至要求計程車司機必須通過類似的課程才可取得執照。

永續發展不是高調，更不應只是空談，它應該落實在各個政策層面，更應該融入尋常百姓的生活之中。在都市推動永續發展相關的政策措施之前，生態教育的紮根工作異常重要。若是在欠缺基礎共識的情形下，推動類似需要市民參與的大型計劃，必然艱困。庫里奇巴決策人似乎對此領悟透徹，在推動民眾生態教育方面卓然有成，已經提供很好的示範。在台灣的任何都市，市民的教育水準遠較庫里奇巴為優越，推動永續發展只是做與不做的問題而已。

庫里奇巴有今日的成就絕非偶然，甚多學者只從交通、環保的面向來觀察它，不免失之偏頗，它在都市發展史上所展現的意義，值得進一步研究探討。庫市沒有顯赫的歷史，又座落在一個長期財政困頓的開發中國家，但它卻在都市規劃、交通建設、環境保護，甚至社會福利、文化教育等各方面均有傑出優異的表現，它不僅僅具體描繪出永續社會應該採取的發展路徑，也實際証明，結合自然生態與都市建設的可行性，這點對於開發中甚至於已開發的國家，都具有同等重要的啓示意義。勒納市長曾說：追求這種集體擁有的夢想，是無比高貴的，當一座城市應尊重人民，尊重環境，顧念後世子孫，大家都接受共同分擔責任，以提升生活品質為使命，大家的共同夢想才有實現的可能。（吳信如，2002. pp.410-412.）

庫里奇巴市的成就，已經成為當代都市永續發展的典範，保

羅‧霍肯等（Paul Hawken, Amory and L. Hunter Lovins）在綠色資本主義一書中誇讚，庫市為人力資本主義的典範，它不但揭示永續發展的基本原則，也展示開發中國家實施有成的經驗，他們說，「庫里奇巴是世界上第一個重新定義城市生活本質的城市」（Paul Hawken et al, 1999）

我們所宣示的永續發展行動在哪兒？ 是否應從都市的規劃與建設開始呢？

▶▶▶ 附註

1. 有一位自然主義作家極推崇庫里奇巴，譬之為人類可以回歸自然的具體實例，見Bill Mckibben, *Hope,Human and Wild: True Stories of Living Lightly on the Earth*, Litlle, Brown and Co.1995.
2. 2000年4月第四屆國際生態城市會議（International Ecocity Conference）在庫里奇巴舉辦，與會者推崇庫市是生態城市的典範。
3. 庫市是個文化多元的城市，有來自波蘭、烏克蘭、義大利、日本等地的公民，因此庫市蓋了各國風味的公園、劇場，讓移民對現在居住地可以產生認同感。

▶▶▶ 影音集

庫里奇巴市的傳奇故事
https://youtu.be/hRD3I3rIMpo?list=PLgqVSNIi9Td1Y_U3NUanuO2b249MAk3Nm

05

德國推動綠色交通政策的創新典範

> 從德國的經驗顯示，最可行的方法是
> 馴服汽車而不是消滅它。同時公共運
> 輸、單車與步行一定要改進到可替代
> 汽車的可行方案，讓限車政策在政治
> 上變成可行。
>
> ——Ralph Buehler and John Pucher

推動自行車計畫的緣起

在1973年能源危機之後，石油即將耗盡及環保意識逐漸覺醒，對於汽車的種種禍害受到批判。德國在1970年代開始，就有高喊

興建大眾捷運系統的聲音，但是基本上依然沒有改變大肆興建多層停車場、馬路，仍然大規模從事以汽車為主的相關建設，未曾停歇。有一些對於環保有助益的零星措施，只是為了止息環保團體的批評而採用的。

1967-1980年間德國交通部227項研究中只有4項與行人有關，沒有一項討論自行車，討論寧靜街（traffic calming）的規劃只有兩項。1975-77年間交通部委託民間研究機構發現，德國仍有30%的旅次是由步行完成，10%是由單車完成，汽車約占47%。（Tolley, 199 0, pp.135 -140）

自1976年起，西德開始真正有系統地推展自行車計畫，初始的實驗計畫是挑一些城市作為先導試驗，先從131個申請城市裡，挑選Detmold及Rosenheim，另外加上9個三萬到十萬人口的小城市。初始實施成效不彰，雖然有自行車路網及相關的措施，如開設自行車推動中心，但是Rosenheim用單車的旅次，由原先23%只增加到26%而已；Detmold也沒有太多進步。

後來，逐漸修正與調整計畫，另外配合其他措施如寧靜街的計畫，逐漸超過原訂的計畫目標。實驗計畫分三階段進行，第一階段造就行人安全，特別是兒童與老人殘障人士，交通傷害數字立即降到44%，重傷害減半。第二階段自1980年開始在大城市開展，第三階段全面推展30公里速限（Tempo30），這種設計也是以行人為主要設計的一部分，一切都以市民優先作為考量。（Zuckermann, p.104）

其後，政府繼續補助有關自行車、公共運輸的計畫，以參考外

國實施的案例，修正自行車的法規，交通法規在1988年修正，但是有多地方政府仍然帶有偏見，歧視自行車的使用，這對自行車使用人是不太有利的。

1982年德國環保署為了清淨環境空間的理由，大力推動自行車，也與其他部會合作，包括都市計畫機關、內政部、交通部、建築部、甚至糧農森林部，還有更多其他部會加入，可見牽涉之廣，也是推動困難的主因。

德國政府力推寧靜街計畫

早在1961年，德國推動綠色交通最著名的團體Deutscher-Stadtetag（DST）就開始提倡行人徒步區。限車運動開始於1975年間，當時經濟發展組織（OECD）已經注意到，城市生活品質的提升，必須減少汽車交通流量，舉辦Better Traffic with Less the Traffic研討會。此其同時，也受到荷蘭推動Woonerf成功個案的影響，德國都市計畫部門配合一個Nordrhein-westfalen邦政府，先從基本研究開始，引進新的概念做法。在1980年，將這種限制車速的概念列入交通道路法規之中，以確保住宅區的寧靜，且大力向各界人士宣傳推廣。在1982年訂定工作手冊，1983年調查行車限速的成本。

德國柏林市是最先發起交通實驗的大城，街道寬度限縮到4米寬，塗上1.6米的色彩的粗糙路面，在限縮的地面也不會妨礙救火車的通過，柏林市的一項特色是在路旁種植大樹，形成一塊種草的花園。根據分析，道路事故減少60%，1982-84年間人員傷害成本從460萬馬克降到1986-1988年的240萬馬克。（Zuckermann, p.107）

由於新的計畫原則需要新的知識觀念，當時很多刊物一出刊就分行完畢。都市計畫機關在1985年出版一份讀本，特將有關的重要文獻均羅列其中，1986年接著出版一本期刊《改變中的都會交通》（*Urban Traffic in Change*）大力鼓吹限速運動，結果引起利益團體抗議，終而使該刊物下架不再發行。

都市計畫機關仍不斷透過各種方式推動限車運動，從單純的限車運動逐步整合行人及自行車的需求，此其同時，也持續改善商業地區的發展。這些動作曾引起傳統都市設計者的反對，認為對汽車不利的計畫有阻礙地區性的經濟，但是這一點顯然沒有實證的根據。

1981年聯邦政府在一項計畫中，大力推廣限車運動，到1990年逐漸推廣到全國各城市，即使汽車遊說團體大力反對也無法抗拒這種趨勢。車輛限速每小時三十公里（Tempo 30）的告示牌在住宅區隨處可見，道路設計也改形彎曲多折，美化街道路肩與分隔島，不再讓汽車可以快速穿越住宅區。各城市紛紛提出申請路限，有些州如巴伐利亞（Bavaria，BMW的製造總部所在）也抗拒不了永續發展的趨勢。（Monheim, p.143）

在德國有政治意志力貫徹執行「速限三十」計畫的實驗城市，估計在第一階段每平方公尺可省下0.35美元，第二階段省下25美元，到第三階段時，可以省下高達100到200美元。但是，德國人仍對汽車的喜愛絲毫不減，視汽車為「最受鍾愛的寵物」。（Zuckermann, p.110）

素有「寧靜街大師」之稱的一位澳洲學人大衛・恩格威區（David Engwicht）曾造訪紐倫堡市（Nuremburg），他有一幅生動的描述：「紐倫堡市曾經每小時有三萬部汽車經過的大橋，自實施寧靜街後，現有兩萬五千位行人通過，在橋的兩端可以聆聽音樂家的演奏，人們及孩子的歡笑聲，有雕像噴泉的水流聲，紐倫堡市的限速只有二十公里，在街上可以看到咖啡座，民眾在五彩繽紛的大傘下聊天談笑，只有看到市民們正在享受街道的寧靜。」（Zuckermann, p.111）

德國與美國交通永續性之比較

德國人使用公共運輸、步行、自行車的比例占41%，比起美國人的11%，幾乎達四倍之多，德國人在都市交通方面，要比美國人更永續得多。自1970年代之後，德國的城市變得對環境更友善，在此同一時期，也開始限制汽車的使用。本章後段，將德國最環保的城市佛萊堡（Freiburg）當成案例，說明德國人的永續做法有多麼創新。

近年來，歐美國家都有逐漸體認永續交通的重要。但是隨著國民所得的增加，汽車也隨之增加，汽車固然相當方便，卻也造成嚴重的社會經濟及環保的問題，已經使得永續交通的目標愈行愈遠。

由於技術的進步，汽車引擎在最近幾十年已有很大的進步，現代汽車已經較少汙染，也較節能或對駕駛人更安全，但是，汽車仍然是空氣與水汙染、噪音、能源大量使用、交通傷亡的主要來源；更甚者，它也是擁塞、都市擴張以及社會不平等的問題製造者。為

了改進大眾運輸、自行車與步行的空間，減少汽車的使用，必定是
永續交通的最中心工作。

表一　汽車擁有趨勢1950-2010

	Freiburg	Germany	Europe	U.S.	World
1950	28	13	18	268	25
1960	113	82	41	306	34
1970	248	208	135	389	54
1980	361	375	241	573	74
1990	422	445	288	613	81
2000	420	532	427	746	94
2010	419	634	466	812	97

Sources: *FHWA (1990-2008), BMVBS (1991-2008), Pucher and Clorer (1992), OECD (2003-2007), EUROSTAT (2005-2007), City of Freiburg (2009b), Wiki Encyclopadia.(2010)*
Note: Until 1989 West Germany only; West and East Germany after reunification in 1990.

　　表一顯示，1950到2010年間，德國比美國汽車擁有率增加的
數率要快得多，德國自1950年的每千人13輛車快速成長到634輛，
成長達42倍之多。但是仍然少於美國的812輛。雖然德國汽車擁有
成長快速，但是使用量仍不及美國的一半（7,040 vs. 14,800 veh.
km）。

　　相對而言，德國大眾運輸的旅次要高於美國五倍之多（8.5%
vs. 1.6%）。步行與自行車的旅次是美國的三倍（32% vs.10%）。

　　2006年德國每人的能源消耗量與私人運具二氧化碳的排放
量，均只有美國人的三分之一。就趨勢來看，1999年到2006年

間，德國人每人的旅行的能源消耗量下降8.5%，二氧化碳排放量下降7%；同期間，美國人的能耗量卻上升4%，二氧化碳排放增加2%。

小汽車與小貨車的能源效率比較，德國亦優於美國（20mpg vs.30mpg, miles per gallon in 2005）。公共運輸能源效率，德國每一車輛能耗只有美國的一半，每一乘客公里的能耗只有美國的三分之一。

即使是社經指標，德國的永續性亦較美國為佳，2006年美國的每人交通死亡率是德國的2.3倍，顯示在德國步行與騎自行車要比在美國安全得多。即使汽車旅行在德國亦比美國要安全得多（7.8 vs. 9.0 death per billion km）。

在美國私人或公共運具旅行的成本亦高於德國，平均而言，美國人每一家庭要花費19%的支出在交通上，而德國家庭只要支出14%。轉換成金錢，平均每一個美國家庭每年要多支出2,712美元。

另一個經濟永續面向，係由市政府補貼交通事業。德國人使用公共運輸是美國人的三倍（56 vs. 19 veh. km of service per year）。大眾運輸的每人使用量是美國人的四倍（1,145 vs. 269 passenger km per year）。然而，德國政府對大眾運輸的補貼遠比美國政府為少（33% vs . 70% in 2006）。德國乘客的買票的收入可以支應營運成本72%，在美國只有35%。政府對此之補貼，美國是德國的兩倍（$.40 vs. $.20 in 2004）。

德國交通事業的土地與稅務政策

在德國，交通永續性政策有五個面向，特別重要：第一、對汽車使用加稅及各種限制，降低汽車的有害影響。第二、提供高品質、廉價、整體服務良好的大眾運輸系統，來取代小汽車的使用，特別是在大都會地區。第三、對非機動性移行的基礎設施構建完善，已有利於步行與自行車的方便與安全。第四、都市發展政策與土地使用規劃，盡量鼓勵集約多功能混用的開發，同時也限制低密度城市的擴張，盡可能方便步行與自行車的利用。第五、所有的政策經過縝密的規劃整合，以確保具有相互增強的綜效。

（1）汽車使用的定價與限制

在德國，使用或擁有相同汽車的成本要比在美國高出50%，大部分的差異出自於德國對汽車擁有與使用，有較高的稅率與使用費。特別是汽車燃料費，到2006年時，已是美國的九倍之多，此一差距不時在擴大之中。1990年燃油費比美國高70%，到2006年增至107%之多。德國有最快速及世界第三大的公路網絡，但是過去很少像美國一樣穿越大都會市區中心。即使在德國，市區道路的設計也是對汽車設限蠻多的，大部分的德國城市都有禁車區，刻意設計死巷、禁轉區、單向道來限制汽車行駛，也盡可能不讓汽車穿越市中心區。

不僅於此，七、八成的德國城鎮，都有時速三十公里的限制，幾乎所有的住宅區都有（Tempo 30）號誌牌，儘量用路障或者人

為的死巷來讓汽車減速。很多城中心區或新的郊區甚至有更低速限，要求車輛要以「行人的速率」每小時七公里的速度行駛。寧靜區的設置是全區性的，不是只有獨巷獨弄。

　　最終的限制措施，就是全面的禁車。幾幾乎所有的德國城市都有禁車區的設置，主要是設計方便行人使用，也在非尖峰時段開放自行車通行。另外一項抑制汽車的措施是，限制停車位的供給並提高停車費。

（2）公共運輸的改善

　　德國政府很早就有很好的公共運輸政策，長期提供普遍又具高品質的整合的大眾運輸服務。近幾十年來，即便是德國國民的所得與擁車率一直升高，民眾使用大眾運輸的比例不斷升高。例如，從1970到2005年，每人使用大眾運輸的次數從116次上升到133次，而同時期美國卻自23次降為21次，只有德國1/6的水準。

　　德國的大眾運輸要比美國更經濟永續，應該不是沒有道理的。德國的公車、捷運、火車的收益，每一車輛乘客數是美國的兩倍，成本低也有其道理。德國的車輛通常較新穎，維修費較低，巴士與火車的聯結完整周全，所雇用的駕駛員較少，可省下不少薪資支出。巴士與火車的站距加大，可以避免經常一起動就要停站。在德國都會區常設有大眾運輸的機構，負責改善服務，改進收費結構，其結果旅客可以在不同的交通運輸工具間無縫接軌。除此之外，德國的大眾運輸系統也對周票、月票、季票甚至年票提供很大的優惠，以鼓勵乘客搭乘。

德國大眾運輸系統也對行人與自行車提供較佳的整合服務。建設較寬闊的行人穿越道、人行步道，以及禁車區的設置，以利行人接近車站。幾乎所有的大眾運輸系統都有提供自行車的停車場設施。大眾運輸在德國已獲得成功，不再投資較多的金錢，而是善用補貼，提供較佳的服務與費率政策。

（3）步行城市與自行車的推展

自1970年代開始，德國就有全面性的單車與步行政策，所有城市開始大幅改善行人與單車使用者的基礎建設。針對行人而言，有關措施包含徒步區的設置，在市中心及寬闊的街道兩側都有建置步道。在德國城市，大部分的自行車與步行網路均有捷徑可超，讓行人與騎自行車很快可以到達目的地。

大部分的自行車道與行人道的基礎建設均由地方政府支應財務經費，但是州及聯邦政府也有大量經費補助。實質上，一項特別的聯邦配合基金，可以用來輔助地方的自行車與行人，補助款可高達70-85%。補助的項目包括車道、巷道、橋樑、停車場交通號誌等等。

德國的行人與單車騎士要比在美國安全，單車人的傷亡率過去三十五年間降低80%，而美國只有降35%，德國在1970年代之後，各個城市單車使用人增加約有兩三倍之多，更顯出傷亡率下降的難能可貴。2002-2005年間德國行人與單車騎乘者傷亡率只有美國的三分之一。

德國行人單車的安全提升，導源於政府有良好的政策。大量在

住宅區設置寧靜街的計畫，創造友善的行走或騎乘空間。嚴格加強機動車輛及非機動車輛之人員安全教育，在政策上大量的將機動空間轉移到非機動使用人來使用。

（4）都市發展與土地利用

德國的城市人口要比美國的居住得更密集，人口密度是美國的三倍以上。這也是推展步行與自行車有利的條件，公共運輸也較方便。最重要的是，重視土地分區使用的規劃程序、財產權、區位管制、以及地方財政管理機關的差異性。

也許最為根本的是，在德國高度限制開發土地，除非是特殊例外的情形，新開發案有法律限制蛙跳的開發，以防止城市向郊區擴張，城區之間有綠林帶間隔。

在德國，聯邦、州、地區與地方政府的互動協調相當良好，上下溝通亦無障礙，土地分區使用是由上而下的，每一層級政府間的土地與交通規劃均有正式的聯繫管道。各城市間互爭土地房屋稅的壓力是很少的，大部分的稅收都是共同分享的。

（5）政策的協調

自1970年代開始，德國城市開始有限制小客車的政策，自此之後，限車政策順利的推展。相關的配合措施如推展自行車與大眾運輸等措施也協調得很好，如此限車政策才會被民眾接受，在政治上也較為可行。土地使用與交通建設的協調也很重要，這一點在德國也是領先美國的。在德國自聯邦政府以下的各級政府，交通事業單

位與土地使用的規劃單位有充分的協調性。在美國則不然，這也是德國在永續交通方面卓然有成的秘訣。

德國創新做法的重點

德國人在交通及土地政策的創新作法有：

(1) 充分整合交通型態與土地利用政策，以利統合性的規劃。

(2) 公共運輸系統提供現代化更方便的服務，對頻繁使用者提供較多的優惠。

(3) 規畫者用較長一段時間執行有爭議的政策。

(4) 政府官員對於民眾宣揚永續交通政策的好處。

(5) 採取限制汽車使用的政策，使其更不方便、更不利行駛、更昂貴，特別是在城中區、及住宅區內。

德國環保之都──弗萊堡（Freiburg）個案

（1）環境背景介紹

2014年弗萊堡市居民約22萬人，位處於德國西南方，它是有名黑森林的政經文化中心。此城係以觀光產業、大學研究、政府及教會機構活動，同時提供周邊社區服務作為主要的經濟活動。此城要比德國其他的城市有更多的陽光，也更溫暖些，也是進入黑森林的通道，不到一小時的行程可以通往瑞士與法國。弗市氣候宜人地勢平坦，每年日照1,800小時，是發展光電的理想地，也是騎單

車的好所在。1976年時，每年投入836,000歐元進行自行車道的建設，2006年之前，已有500公里的單車道。（Lightermeet, 2006）

（2）小客車擁有率、旅次行為

1950到70年代弗萊堡的小客車擁有率高於整個東西德，1960年時每千人擁有113輛車，1990年高到422輛車，仍低於全西德481輛車。自1970年代後此一趨勢開始反轉，機動車輛擁有率有些許下降，每千人422輛到419輛，搭捷運的人次增加53%，騎單車的人次更增加96%。（Pucher and Clorer 1992, p386.）弗來堡在1950年代有東西德平均兩倍的個人小客車持有率，到2006年時，卻比整個德國每人持有率少了23%。此一轉變不可為之不大，也是弗市永續交通成功的明證。

弗市的個人所得增加，但是1990年代小客車的行駛公里數卻下降7%，在住宅區下降13%。1992到2005年間，每人二氧化碳排放量下降13.4%，是德國人均的89%。美國人均的29%。

大眾運輸只需補貼10%，要比德國全境28%，以及美國的65%要少得多。正當全世界小客車旅次大幅成長的同時，1982到2007年間，弗市的小客車旅次從38%下降到32%。同期間自行車使用卻已倍增，從15%上升到27%，此其同時，大眾運輸旅次也自11%上升到18%。弗市小客車使用率是全德的一半，自行車使用率卻是德國全境的三倍，大眾運輸也有兩倍之多。

弗市公共運輸旅次每年達339次，是德國人的四倍，美國人的十五倍。弗市自行車每年旅次是350次，是德國人的三倍，美國人

的二十九倍。

減少小客車的旅次並沒有使弗市經濟蕭條，相反地，就業成長率是德國的三倍（11% vs.4%）。2005年，弗市的個人所得高於全德國人的29%（35,200歐元 vs. 27,200歐元）。事實上，弗市因推動永續政策而受惠，1980年代開始發展光電及生物科技產業，到2007年時弗市已是德國綠色產業的龍頭，有1,520個公司雇用約10,000員工，貢獻約五億歐元給地方經濟。此外，弗市的觀光產業相當蓬勃，1995年的觀光客人數來到2009年已有倍增，弗市實際上因實施永續政策而受惠甚多。

（3）土地利用與交通政策

二次大戰後，弗市幾乎全毀，1948年該市採取重建計畫，以市中心的老街為重心，採取集約式的做法，而沒有採取以汽車為導向的都市結構。1950到1960年代弗市成長快速，在城市邊緣大興土木，沿著萊茵河平原向西發展，大肆興建新的住宅區與工業區，寬闊的街道採取以汽車為導向，更像正規的街道類型，建更多的停車場，已不類似有古老歷史的城鎮中心區。此時期小客車大幅成長，導致到處壅塞、空氣汙染，車禍傷亡數字不斷增加。此時，該市的回應方式是建更多的道路，更多的新幹道。都市電車均告廢棄採用巴士輸運。城市建設已建住宅為最優先，也大幅擴張到末開發的土地，交通規劃以汽車優先，歷史中心區的廣場均開放停車。

1960年代末期，弗市的交通政策有大幅度的轉變，不再以汽車為重心。1973年石油危機到來，促成公民團體大聲呼籲，迫使政府

採取大幅的政策更張。首先，該市採取恢復興建電車，再著手廣建自行車道網絡，也將歷史古城中心區劃設為徒步區，限制汽車禁入。

　　弗市自1972年規劃第一套交通建設計畫，開始就強調行人與自行車大眾運輸的重要。1979年重新修訂交通計畫，明確表達對於所謂的「綠色模式」的重視。1989年的交通計劃更向前邁進一大步，直接表明要全面地限制或減少小客車的使用，不再允許小客車進入市中心及住宅區。弗市在Vaban 區有一個永續發展計畫，計畫完成在2005年，計畫可納入五千居民及六百員工，在區內讓汽車交通減至最少，住宅區內是完全禁止汽車通行的。（Crawford, 2000, p.234-5）

　　當1970-80年代限車的政策展開之際，弗市的土地開發政策也有大幅的修正，尤其是新的開發案必須沿著公共運輸的廊道禁行，特別是市內的輕軌電車路線。2008年的土地利用計劃更明確規定要禁止與小客車相關的開發案，諸如家居設備、家具店、園藝中心等，此類開發案不但引起大量的壅塞，也將大量的人潮從市中心區及鄰近的零售店吸走顧客，不利城市的正常發展。此計畫著重輕軌廊道沿線高密度開發，沿線採住商混合設計，有商店、旅社、學校，及其他相關的土地利用方式。

　　所有發展的方向均有未來性，導使人們可以更方便利用步行或騎單車，獲得日常生活的必需品。2008年的土地使用計畫更進一步強調，大眾運輸、步行與單車優先於小客車的重要性。總之，弗市所採取的目標是，保存城市的歷史特質，同時提升生活品質，

讓弗市更具有居住工作與觀光的吸引力。布曲與克羅爾（Pucher and Clorer）認為，弗市的交通政策成功應歸功於「馴服汽車」（taming the automobile）。首先，大幅度限制汽車禁入市區；第二，提供方便、負擔得起、安全的交通工具選項；第三，嚴格限制土地利用的形式，將之導向捷運、單車及步行的設施。（Pucher, John and Clorer, S.1992）

（4）公共運輸的改進

　　弗市公共運輸系統是以輕軌為主幹，雖然1970年代的老式街車仍在運作，新系統啓造自1978年，完成於1983年。此系統2008年總長有36.4公里，自1983到2007年輕軌服務量有三倍增加，從1.1百萬公里上升到3.2百萬公里。有65%家居者及70%得上班族都住在輕軌線300公尺的步行距離內，隨著路線延長，弗市政府要將兩項比例提升百分比到83%及89%.

　　公車系統也有所擴張，從1974年行駛100公里伸展到2007年的273公里。自2003年後大部份的公車乘客都轉移到輕軌上，新的政策是想將巴士當成輕軌的接駁系統。2006年時，乘客旅次巴士只占30%，輕軌占70%。自1983年輕軌開通以來，公共運輸旅次大幅成長，到2007年以自三千一百萬上升到七千兩百萬乘客旅次。弗市市民每年有339次利用公共運輸，平均每位市民每天一次，這是所有德國城市中最高的利用率，是德國人平均84次的四倍。

　　弗市輕軌每7.5分鐘一班，二十六線巴士在市中心每15分鐘一班，在郊區每20到30分鐘一班。輕軌列車與巴士都有十字路口優

先通行權，車快到時都先轉成綠燈，如此使車行速度加快。此外，也有數字看板顯示車輛動態供民眾參考。1991開啓一卡通（Regio Card）可以搭火車、街車、巴士，周末用一卡可以讓全家人上車。

（5）創新策略的成功典範

2009年弗萊堡市長迪特・索羅盟（Dieter Solomon）在新加坡接受海峽時報（the Straits Times）記者梅麗莎角（Melissa Kok）的訪問時，道出弗市的成功策略。他認為，弗市最成功的地方在於有雙贏的生態策略，可以提升經濟，滿足市民、學校、建築業、能源供應商、甚至觀光產業。都市的發展政策是最重要的還是減少能源的虛耗。

1986年時，弗市變成德國能源最節省的城市，到1992年時，二氧化碳排減少13.5%，這是減少能耗、利用太陽能源、有效利用能源的三大策略目標的成果。

2007年市議會決議，要在2030年以前再減少40%的溫室氣體排放。2010年，在上海世博會受到表揚，認定弗市為一個最佳永續城市的典範。2011年市議會通過一項決議，所有新的建築物都要蓋地下單車停車場。

德國推展經驗的啓示

德國之所以推展綠色城市有成的關鍵在於：

（1）重視研究與推廣新觀念的實踐，以詳實的研究納入先進觀念推動改革，訂定示範性實驗計畫，取得實務經驗後

再大力推廣。

（2）由聯邦政府帶領，協調不同部會共赴事功，與地方政府分工合作無間。

（3）由都市計畫機關與都市計畫系所之結合作為先導，不是當成交通問題來解決，而是要從整體面向觀照，並要求全面的配合。

（4）長年持續推動鍥而不捨，把綠色交通觀念納入整體的都市計畫之中，終而有成。

▶ ▶ ▶ 附註

本章部分取材自Ralph Buehler, John Pucher, *Sustainable Transport That Works: Lessons from Germany, World Transport Policy &Practice* , vol.15, no.1,April 2009。內容部分有所增刪，並加以補充更新資料。

▶ ▶ ▶ 影音集

介紹弗萊堡市：認識德國
https://youtu.be/h5XfjY3vSTs

06

自行車政策的世界發展
趨勢

當我看見一位成年人騎單車時，我對
人類的未來不再絕望。

——H.G. Wells

綠色交通工具的再興

　　早在1970年代初期，非常著名的社會評
論家伊萬・伊利奇（Ivan Illich）教授曾大力
贊揚自行車的優點，「人騎自行車比行走快
三到四倍，卻只需五分之一的能量，它載運
一公克的體重走一公里平路只需耗費0.15卡
路里。」伊利奇教授認為，自行車有它熱力

效率的優勢，它不僅超越所有的機器效率，也包括所有其他的動物。自行車除了節省能源、空間、時間之外，在伊利奇眼中，自行車有相當良好的社會效應，它也是真正可以促成社會公平以及民主參與的運具。（Illich, 1974）

自行車當成交通工具的卓越性如此明顯可見，卻在各國交通政策中長期受到漠視。羅德尼・托利（Rodney Tolley）教授認為，綠色交通模式的好處當然可以頌揚，光就在健康促進方面看，大部分的好處都是顯而易見的；但他也認為，要推廣自行車，使之普及並非易事。

1980年代的英國，官方甚至認為，自行車是個問題，而不是所謂環境問題的解決方案選項。根據統計顯示，1954到1988年間，英國自行車的傷亡率是汽車駕駛人的二十倍，英國政府1984-1986年間投入自行車的推動經費僅16萬英磅，較之地方道路支出1,800萬英磅，顯得少之又少。（Tolly, 1990. p.22）私家車是導致倫敦市區的禍害，空氣汙染到七分之一的孩童罹患氣喘與肺部器官的毛病，1994年空污導致155人在4天之中死亡，車禍與空氣品質是造成倫敦市民的恐懼，也迫使他們開始搬離市中心區。（Rogers, 1997. p.119）

同樣的情形，亦發生在大西洋彼岸的美國。1990年美國聯邦公路局進行大規模的研究，就發現步行與單車是兩大「被遺忘的交通形式」（the forgotten modes of transportation）。1960-2000年，全美綠色交通旅次從6.7%下降至4.4%。1990年的調查全國自行車旅次僅有0.7%。聯邦政府每年投入行人及自行車建設計畫，大約在

兩百萬美元左右。

　　近二十餘年來，受到全球對於環保及氣候變遷議題的重視，各國逐漸重新檢視自行車在交通運輸的重要性，也受到民間團體的鼓吹提倡，自行車再度風行於世，蔚為風潮。1996年英國國家自行車策略計畫（National Cycling Strategy）中標示推動自行車的利益，包括減少車流壅塞與道路的空氣及噪音污染，同時可以減少溫室氣體的排放；增進國民健康及促成就業、娛樂、零售設施的機會；另外亦可降低社會排擠（social exclusion）的效應，同時也可以提升鄉村的經濟活力。

　　類似的觀點亦出現在德國聯邦全國性的自行車計畫（National Cycling Plan, 2002-2012）之中，除了上述的優點之外，德國政府更認為，自行車的推動可以改進城鎮的生活品質，也是一項經濟因素可以提供價值創造與創新的動力，以其國內自行車旅遊觀光收益可達五十億歐元，估計每年有五十萬輛自行車的需求，其生產販售與維修的相關產業也將帶來龐大經濟及就業上的利益。

　　過去各國傳統公路交通政策均著眼於機動運具之規劃。機動運具耗費能量，造成環境污染，甚至引起城市擴張，耗費嚴重的社會成本，對於行人與單車的使用卻未受到應有的重視。梅耶·希爾曼（Mayer Hillman）在研究各國的交通政策時得到一項結論，認為各國似乎在政策上完全忽視行人與單車的存在，甚至令人感覺有「陰謀」存在。他敘述他的觀點如下：「所有的政策似乎都假設走路與騎單車很重要，而且鼓勵民眾相信汽車的替代選擇是公共運輸，如我們所見，大部分全國性的交通旅程調查，都從未將走路和

單車項目列入，也省略掉對有關行人與單車未來規畫的預測。」（Hillman. p.71.）

1990年後，「非機動運輸」（Non-motorized Transportation, NMT）的優點與功能，特別是自行車部分，已引起各先進國家政府的重視。永續運輸（Sustainable Transport）已經成為世界性的潮流，各先進國家均積極研議適當策略推動「非機動運輸」，聯合國及歐盟等國際性組織極力提倡，已成為世界性的風潮。

歐洲國會在1988年通過一份行人權利的歐洲憲章（The European Charter of Pedestrian's Rights），其中明白揭櫫，在各都市地區提供自行車設施為市民權利的一部分。歐盟在1999年發表一份手冊（Cycling: the way ahead for towns and cities），鼓勵各國家城鎮提倡自行車，極力敦促城鎮首長要先改變觀念，積極採用自行車。

國外政府的案例

（1）荷蘭

荷蘭在1870年代開始有自行車上路，第一條單車道建於1899年，1911年時已是全歐最大的單車國，到1920年代，單車成為流行的交通模式約占75%的交通旅次。

二次大戰後到1975年前，自行車道完全被汽車道佔據，1972年因路上汽車太多殃及孩童，每年約有五百名孩童死亡，社運團體遂發起「停止殺害孩童」（Stop the child murder）的運動，上街

抗議。讓中央與地方政府開始重視自行車的必要性，開始著手單車道的建設，最著名的完整計劃就在格羅寧根（Groningen）展開。

2014年荷蘭全國有27%是由單車完成行程。大城市如阿姆斯特丹每天有38%，約四十九萬人是騎單車上路，根據市議會調查，每天行駛兩百萬公里以上。茲沃勒（Zwolle）人口數約125,000人，單車旅次約46%，也是荷蘭騎單車率排名前四的城鎮，被荷蘭自行車聯盟（Dutch Cycling Union）讚譽為單車的標竿鎮（cycling town, 2014）。（Wikipedia）在自行車的政策推行與績效可說是全世界最具規模的典範，自行車已經成為荷蘭人生活的一部份。

荷蘭在1970年代開始推動自行車計畫，不論荷蘭的綠色與健康的優良形象，實質上，荷蘭是西歐汙染最嚴重的國家，最早的政策思考是基於消除大量使用汽車所引起的環境影響，自行車是用來消除汽車所引起惡化環境效應的一項對策。（Tolly, 1990）

在1975-85年間，荷蘭政府投入72億美元建立自行車相關運輸設施，並輔助地方政府建立自行車系統（80%中央補助），至1990年全國有兩萬兩千公里的路網，超過一千公里的專用道，全境只有四千公里不可行駛自行車，荷蘭成了自行車者的天堂。（運研所，1997，附冊1-6）2013年已有三萬五千公里的單車道，全國有一千八百萬輛的單車，比荷蘭人口數為多。每百萬住民的單車死亡四十五人，是全歐洲的最佳典範。（Wikipedia）

1989年荷蘭政府出版一份《國家環境政策計畫》（*National Environmental Policy Plan, NEPP*），其目標主要在規範汽車一定要盡可能排廢乾淨、安靜、安全、經濟；公共交通工具一定要將能源

消耗與汙染降到最低；人民居住、購物、工作、休閒時間要調整到旅程最短。這份文件的特色在於整合環境、交通與土地使用上相互配合支援。沒有NEPP，汽車的里程數到2010年可能上升到72%，開啓NEPP後這項數字下降到48%。這只是永續發展的第一階段成果，要想進一步推展可能要面對的困境更大，這也是所有汽車當道國家所要面對的問題。（Tolley and Turton, p.349）

1990年荷蘭制定世界知名的「自行車主幹計畫」（Bicycle Master Plan），訂定2010年以前要再提升1986年當年旅次的30%，其願景是提升民眾使用單車的行動力，以增進其社會與經濟的活動。（郭瓊瑩，2002, p.2-35）1990至2006年中央政府每年提供6,000萬歐元，其中包括2,500萬歐元在火車站附近建大型的單車停車場。（Pucher and Buehler, 2008）

荷蘭北方第一大城格羅寧根（Groningen），人口約五十八萬。1976年就有「運輸流通計畫」（Traffic Circulating Plan），投入兩百七十萬歐元在單車設施上，1980年代實驗計畫在市中心區展開，1989-2000年投入2,300萬歐元，2000-2006年間投入950萬歐元。2002年荷蘭單車聯盟（Dutch Cyclist Union）稱許格羅寧根為荷蘭最佳的單車城。

此城的成功秘訣在於有明確一貫的政策，將單車政策融入於整體的交通政策，並透過經年累月持續不斷地投入大量的經費，才能成為世界上最佳的單車城。最具創意的構想是將全市區劃分成為四個區塊，只有單車可以穿越，汽車必須要繞行外圈車道才可以進入，讓單車可以節省不少時間。該市有世界先進國最高的自行車使

用率，佔全部旅次59%以上，居民平均所得甚高，當地房租亦為全荷最高者。

　　荷蘭人騎單車成功的原因在於，友善的單車環境（woonerven），汽車要在路口禮讓單車，重視行人與單車的優先性，到處都有自行車店舖與停車場，騎自行車不需戴安全帽（除了比賽運動員，後期勸導要戴安全帽，騎乘單車的比例有些許下降），全境地勢平坦，城鎮間距不遠，單車前置購物籃後有拖車，從學生時代就要訓練騎單車，中小學生有超過八成是騎單車上學的。這些因素可以忽略冬天的濕冷、平原的強風與單車失竊的風險。最新發展的趨勢：電動單車開始大為流行。

（2）丹麥

　　2016年初，丹麥首府哥本哈根（Copenhagen）有56萬市民，大都會區約有128萬住民。

　　2012年，在丹麥首府哥本哈根每天有120萬公里的單車旅程，接近四成的市民是以單車通勤上學上班，比用汽車通勤（29%）的比例要高出甚多，已經超越所有美國人騎單車通勤的人次。

　　到2014年時，根據丹麥技術大學旅遊調查（Danish Technical University Travel Survey），有45%的市民是以單車上班上學，在一年間暴漲9%，真是不可思議的事，同期間，汽車的比例由原本27%下降到23%；更令人吃驚的是，35%的單車族騎乘公里數由3.2變成4.2，相當於每天有一百二十萬公里上升到兩百多萬公里。2015年時，市中心區約有50%的市民是以單車上班上學通勤。市民

從小就開始騎車，在學校接受單車訓練。

在1905-1955年間，哥市有五十公里的單車道，街上有電街車與單車，汽車數量是很少的。但是往後的二十年間汽車逐年增加，自行車道也因此逐漸減少，1972年間自行車道公里數盪到最低點，只有10%。1970年後環保運動開始發酵，讓政府為了節省石油，引進「週日無車計畫」（Car-free Sunday），也是開創此例的先河。1980年間，公益社團的示威活動引起公眾注目，也引起政治人物的重視，從此開啓自行車道大規模的建設。（Jenson, 2009）

第一項哥本哈根單車道計畫啓動在1981年，到2005年已有三百三十公里的單車道。1996年啓動「單車統計」（Bike Account）計畫，訂定十大關鍵指標，測度單車道長度、單車里程數、維護、以及意外事故的統計等。

1997年時有「綠色車道計畫」（Green cycle route plan），這項計畫主要是讓自行車道穿越公園及開放的綠地，有二十二條路線，一百一十公里長，估計要花費五億丹麥克朗。2008年時已建成約四十公里。

2001年起，哥市府開始建構第一個計畫「單車政策2002-2012」（Cycle Policy 2002-2012），預期單車的占比要由34%提升40%，傷亡比要減少50%。接續的計畫為「單車道優先計畫」（Cycle Track Priority Plan 2006-2016），要在10年間新建七十公里的自行車道。2009年估計的費用是四億丹麥克朗。2007年再訂定一份「安全單車交通行動計畫」（Action Plan for Safe Bicycle Traffic 2007-2012），要將1996年傷亡率減少50%。

2011年十一月市府採用一項新的策略，建構新的策略計畫（Good, Better, Best-the City of Copenhagen Bicycle Strategy2011-2025），要將哥本哈根變成世界一等一的單車城市，著重於美好的城市生活、舒適、速度與安全，要增加到50%的人口騎單車上班上學，闢建行人與單車的高架道，穿越港口運河，還有要擴建更大的單車停車場。

2002到2012年，哥市市民上班騎單車由34%升高到40%，減少重傷及死亡50%，增加市民的安全感由57%提升到80%，提升單車速率10%，單車人士的滿意度達到95%。（Jensen, 2009）最有特色的是單車可以拖上火車，掛上計程車的尾端。即便是在冬天下雪時分，也有七成的民眾是騎單車上路的，2011年投入130萬歐元進行車道剷雪，2012年後要再增加27萬歐元。

在哥本哈根，17%的家戶擁有一部單車貨車（Bicycle Cargo），市政府也鼓勵市民多用單車貨車，在「2011市政計畫」（Municipal Plan 2011）列入單車貨車的停車場計畫，使更多人願意加入單車貨車的行列。2015年時已有390公里的專用單車道，每年減少溫室氣體九萬公噸，成為單車族所稱最棒的城市，是自行車的「天堂」，也是世界上最宜居的城市，早年已經受到注目，變成各國參訪觀摩與仿效的對象。

1995年，世界上最早期的大型公共自行車計畫，在哥本哈根開展，現有2,500輛白色自行車，在市中心九平方公里區域內可以免費遊走，自行車要是超出邊界是要罰一千克朗，2013年後改為要收費了。

有鑑於全國性的單車旅次在1990-2013年間下降約10%，在2000年後開始回穩，丹麥政府交通部自2014年六月開啓一項全國性的自行車策略（Denmark-On Your Bike, the National Bicycle Strategy），重點是投資1,800萬丹麥克朗興建單車高速路與停車場，用5,000萬克朗成立單車基金會提出創新的解決方案，撥出2,100萬克朗防止單車右轉的意外。

　　丹麥人民為何喜歡騎單車？外國人都以為丹麥人是環保主義的民族，事實卻不然，有一項調查顯示，54%認為單車簡單又快速、19%是為了運動、6%認為便宜、7%是方便、對環境有利的只佔1%。丹麥人認為，一方面可以將社會大眾凝聚在一起，也是反映永續發展社會的指標。（Jensen, 2009）最大的創新特色是2007年後有三輪計程車，有人力販賣拖車，賣的是咖啡、煎餅、壽司、雞尾酒等。丹麥的郵件也是用三輪車運送，警察也是用單車巡邏的。送貨後來改用電動單車，2012年獲得創新獎。（Wikipedia）

（3）德國

　　在1973年石油禁運所形成的能源危機時代，德國就開始著手研究自行車政策。1975-1977年間，交通部開始委託民間研究，直到1979年正式開始進入先導性試驗階段。交通部結合其他相關部會，自131個申請城市中，選擇Detmold等十一個人口不等的城鎮，推動自行車系統。起初並不太成功，一直到1980年代前幾年才漸有起色（Tolley, 1990）。1980-2000年間，聯邦政府投入十一億歐元，往後每年投入一億歐元到單車道路的延伸，各項示範計畫及研究

上，經費來自汽車的燃料稅。（Pucher and Buehler, p.17）

　　1986年時，東西德人民以自行車作為外出工具的比例分別是2%及6%。2002年，全德國自行車旅次已超過11%（郭瓊瑩，2002，pp.2-37）。

　　德國推動自行車系統，早在1963年已有自行車的設計規範，1982年修正這份規範，整個設計理念，由需求取向的規劃，轉成供給取向，而這份設計規範逐漸受到重視，對日後推動全國性都市的自行車系統有很大的幫助。（Pravety, p.50）

　　德國各城鎮，無論大小均普設自行車道，成效斐然，1996年時已有31,236公里的單車道。1990年大城市如漢堡（Hamburg），自行車可行路段達一千五百公里，慕尼黑（Munich）達六百九十公里，即使如愛爾朗根（Erlangen）的小城，只有十萬人口，都有密佈的自行車道270公里，其中170公里是專用道。2004年，柏林有860公里單車道，60公里的單車專用道，100公里與行人道混用的單車道。

　　最具特色的是明斯特（Münster），二十八萬人口，五十萬輛單車，八所大學，是商業、文化與行政的中心城；有450公里的單車路網，2012年時已有40%的交通是靠單車完成。有德國最大的地下單車場，2004年被讚譽為世界上最宜居的城市（the most livable city worldwide），也是德國的單車首都（Bicycle Capital），德國自行車協會（ADFC）也評鑑為德國單車最友善的城市。

　　2002年，德國國會回應民間團體的要求，通過一項決議要制定全國性的單車方案，由交通建築及都市發展部仿效「荷蘭單車主

幹計畫」，制定全國性的單車計畫（National Cycling Plan 2002-2012）。該計畫將自行車設定為永續發展的國家策略之一，將單車當成整合都市旅程的替代運具，減少或取代汽車的短距離行程，以造就緊緻城市（compact city）為目標。

自2002年後，每年投入一億歐元在建設與維護單車專用道，自2003年後每年投入三百五十萬歐元建設及維護水道邊的單車道，自2004年後用兩百萬歐元引進新的實驗先驅計畫。最具創意的兩項，一是2004年開啟一個網站，增加與專家民眾溝通的管道，到2010年創新的提案多達五千項；二是開啟單車學院（Bicycle Academy），最初三年間辦了71場討論會，370場展示會，130場演講會，有3700個參與者。

2013年時有7,130萬輛單車，比汽車4,230萬輛還多。單車的使用率從2002年前11.2%提升到14.7%，單車死亡者從639人降到364人，成效斐然。

2013年時，聯邦政府又新訂定一項全國性計畫（Cycling Nation Germany-The National Cycling Plan 2020），它只是一份聯邦的策略文件，不再有行動計畫，設定的目標是改進單車的管制架構，整合單車融入整體的交通體系。

（4）日本

日本自1970年開始在運輸政策上鼓勵自行車，並訂定法案建設四種自行車道，至1988年時，自行車專用道路1,392公里，與行人混用3,025公里，自行車專用道1,080公里，自行車與行人專用道

53,952公里，90%的自行車道是與路邊人行道上共同使用。（運研所，1997，附冊1-15）。

日本東京的大眾運輸旅次與自行車旅次佔有很高的比例，二者互補而非互斥。2000年時一項普查，東京市區有1,280萬住民，有840萬的單車，騎單車到目的地的比率是8%，接上公共運輸如火車的比例也是8%，合計有16%的市民騎單車上路。

2007年東京市政府發布一項「安全提升單車安全方案」，要提升自行道的安全性、減少單車非法違停、改進單車禮儀、增進單車效能。（ADB，2008）

1981年東京地區約有一萬輛自行車停在火車站附近，全東京以自行車到車站的比例超過15%。大多數火車站均設自行車停車場。日本政府1977年開始提供資金興建自行車停車設施，近二十年花費一百億美元，建造8,952個停車場（其中3,250個在東京）。（運研所，1997，附冊1-16）。最先進的停車場是儲存在地面下，深度11.6公尺，寬約8.5公尺方圓，可以安置在車站、公園，大樓公寓中，施工期為兩個月，可停兩百部各式各樣的單車，也可以充電，不必擔心遭竊，地表的停車亭設計新穎，放入單車輪給門夾住，按一旁的按鈕即刻迅速拖進車庫，刷卡即可取出。自1998年起，Giken Seisakusho公司已蓋完四十七座，其中有二十八座在東京市區。（如下圖）JTF公司在名古屋車站前也蓋了四座單車樹（Cycle Tree）的車庫建物，外觀豪華亮麗，可以停放952輛自行車。

杉山公園地下自行車停車庫
（Courtesy for May）

　　2012年2月26日，《日本時報》（*The Japan Times*）提出一項呼籲，要求日本政府策訂一項全國性的單車政策。各地方政府都很早就開始著手推動單車政策，靜岡市是全日本的單車政策的先行者，有完整的專用單車道。日本是世界第三大的單車國，僅次於中國與荷蘭，每年出產1,000萬台單車，有700萬台要回收，惟未見日本政府有長程的單車政策規劃藍圖。

（5）美國

　　美國的自行車政策在1990年代才開始進入政府議程，1991年12月國會通過《地面多式聯運效率法》（Intermodal Surface Transportation Efficiency Act，簡稱ISTEA）。此法案給予各州相當的自由裁量權，進一步發展自行車及步行設施。此一法案引導各州建立長程的自行車發展計畫，同時在交通部門設立自行車及行人的

規劃推動單位，ISTEA將經費完全投入給「運具型」的自行車系統，並不補助地方「休閒型」的自行車道計畫，各個城市在接下來的六年中，每年接受一兩百萬美元的補助發展新的交通系統，ISTEA在六年間補助自行車系統經費達七億三千四百萬美元。

另外在1998年，美國國會通過《運輸平等法》（Transportation Equity Act，簡稱TEA）加上ISTEA全部投入的經費高達九億六千五百萬美元。2005年 SAFETEA-LU法案每年補助約四億美元。

ISTEA設定的規範如下：

A.1990大型研究（Nation Bicycling and Walking Study）每五年檢討一次。

B.各州建立協調人（State coordinators）制度：引導各州發展長程的自行車發展計畫，同時在交通部門設立自行車及行人的規劃推動單位。

C.開啟四項《非機動運輸的先導計畫》（Non-motorized Transportation Pilot Program）每一項計畫預定要補助兩千五百萬美元。

D.成立《行人與單車的資料中心》（Pedestrian and Bicycle Information Center），提供行人與單車的各式各樣資訊。

美國自行車政策的頒行雖較西歐各國為晚，但是有些城市的自行車系統早已有相當規模，例如波特蘭市（Portland）的個案。在1973年時，該市提出第一項自行車計畫，預計要建設320公里的自行車道；1996年時又有第二項計畫，要延伸到750公里。2010修正成第三項計畫（Portland Bicycle Plan for 2030）預計到2030年將

延伸至1,500公里。2009年時已建設達500公里的自行車道，2014年時單車旅次已達7.2%（全美國是0.6%）。2008年《單車雜誌》（Bicycle Magazine）稱讚該市是全美最佳的單車城市典範。

（6）英國

英國政府首次在政策上支持自行車，出現在1982年，但是僅止於對地方政府採取補助的被動立場，並不見積極全面性的推動。其運輸部同意補助地方申請經費的一半，只有諾丁翰市（Nottingham）提出自行車路網的計畫，直到1994年英國的自行車政策才趨於明朗。

英國政府在1996年公布「全國自行車策略」（The National Cycling Strategy），設定2012年使全國自行車使用四倍增的新目標，同時鼓勵各地方政府廣設自行車道。但是，在推動初期，這項策略的成效並不顯著。

英國政府開始對於推動自行車系統轉趨積極，在實施二年之後，即1998年公布一份白皮書（1998 Transport White Paper: A New Deal for Transport Better for Everyone）對地方的運輸計畫提供專業的指導。

英國政府對於此一政策的推動，有詳盡的規劃，對於設施規範、教育解說、提倡行銷、觀光旅遊等提供完整的資訊，對政策之解說周詳，堪稱空前。（詳見www.nationalcyclingstrategy.org. uk）

英國環境、運輸與區域部（Department of the Environment, Transport and the Regions，簡稱DETR）在其1998年「英國規劃系

統」（The UK Planning System）宣示：「國土開發必須考慮經濟及社會之永續發展，不得對環境及自然資源造成傷害。提高已開發地區之使用效率，從事進一步的集約發展，期使此等地區更適合工作與生活。保護文化傳統與自然資源。妥善規劃開發型態，限制對土地的需求，減少對環境的衝擊，減少使用汽車以免釋放二氧化碳而造成全球暖化（global warming）。土地使用、運輸規劃與經濟發展，必須緊密結合。新開發區必須有良好的大眾運輸系統；同時，提供步行與騎腳踏車的方便；限制使用汽車，嚴格控制停車。沿高運量大眾運輸系統之路線或運輸網路之交流道附近，興建較高密度之住宅或從事性質合適的開發。城鎮的開發須堅守集約原則，避免雜亂無章的延伸。推動城鎮的綜合開發，務必提供完整的社會功能，使住家、工作場所、商店與休閒活動場所都能在步行或腳踏車易於到達的距離內；使社區中心在日間與夜晚都能夠充滿著生機與活力」。此一宣示充分說明英國推動自行車政策的立場，也是推動永續運輸世界潮流的最佳註解。

1997年時英國單車的觀光收入，每年可達63,500萬英鎊，有鑑於單車觀光的好處，英國政府帶頭在政策法令上給予支持，1999年的「明日觀光」（Tomorrow's Tourism）的策略文件以帶動永續交通的發展。2000年六月英國政府已經開闢4,000英哩的自行車道，並計畫2005年時再增加9,000英哩，以增加單車觀光的機會。（郭瓊瑩，2002, p. 2-42）

2008年時，自行車路網已超過兩萬公里，英國政府又訂定一項計畫「自行車的永續未來」（A Sustainable Future for Cycling），

預計要在未來三年投入11,000萬英鎊到單車的基礎建設，解決肥胖、死亡率、氣候變遷、空汙與壅塞的問題。特別把肥胖度列在第一項，因為三十年來肥胖的人增加三倍，肥胖人較一般人早走九年，影響約兩成五的成人，與百分之十的孩童。計畫中將六個城鎮設定為示範區。2009年英國交通部宣布，要再投資1,400萬英鎊，提升在火車站的自行車存放設施以及自行車的修理站。

我國的自行車政策

在國內，行政院經建會在2001年時曾委託奧勒岡團隊（Oregon Team）對台灣永續發展行動從事一項研究，報告中建議建立「都市單車道與鄉道系統」（Urban Bikeway and Trail System），惟未見有關政策的研議及採行。

先前我國的交通政策，從末認真考量納入自行車系統的規則，2002年，行政院體育委員會開始推動全國自行車道系統計畫，每年編列約兩到三億元，辦理自行車道系統整體規劃及輔助興建、整建地方性、區域性、環島性自行車道。該計畫係依據「綠色矽島建設藍圖」暨相關的政策，以「人」為核心之基本理念，規劃以自行車道為串聯各區域及本地區之「綠廊」，並賦予各自行車道系統之主題定位，建構區域內重要之新興「綠色運動休閒旅遊網絡」，期能結合地區觀光資源、產業特色等，提供國民運動、休閒、旅遊及知性之活動空間。

2002年十二月訂定「永續發展行動計畫」，在集約城市項下之主要工作內容中列出「透過都市交通規劃，建立人車分離系統，強

化個人移動力，不讓汽車機車破壞社區生活」。主張透過都市計畫通盤檢討，進行各都市交通系統規劃再造。其中，並未明示是否在社區內建立自行車道系統，也未將交通部列為主辦機關。「強化個人移動力」部分未見具有說服力的具體做法。

截至2008年，台灣地區共興設1,017公里自行車道，帶動自行車運動風氣，但區域路網尚未建置完成，急需進行綜整性規劃，以達各車道之串聯。

2009年起開始擴大辦理「自行車道整體路網規劃建設計畫」，規劃在現有自行車道系統基礎下，「以人為本」出發，依據各地區城鄉風貌、精緻商圈、遊憩資源與地方文化特色，自2009年起至2012年以四年時間，在各地區建構優質運動休閒之自行車道路網，滿足民眾整體需求。執行地區將包括台灣本島及離島地區等共二十五個縣市之行政區域範圍，並預計新增1,500公里自行車道，完成十七個區域路網，逐步構建自行車環島路網，提升自行車道服務性，並有利相關產業的發展。

挑戰2008國家重點發展計畫，其中全國自行車系統係列在觀光客倍增計畫下，並以發展休閒型系統為主，與各先進國家發展都市型自行車系統為主的政策迴異。由於此一政策考慮係以休閒為主，故方案由體委會主辦，並未視為交通系統之一部分，未來推廣與系統之整合恐有困難，亦不利更大層面的長期推動。

2009年交通部才開始訂定「配合節能減碳東部自行車路網示範計畫」，為近年來自行車發展最重要的計畫之一，耗資七億九千萬元新台幣，計畫範圍北起臺北縣貢寮鄉之福隆地區南下，由花蓮

縣沿台十一線至臺東縣卑南鄉，將此多元的自行車遊憩模式推向國際，優先發展為自行車路網示範。

根據交通部運輸研究所2011年出版的「交通政策白皮書」，台灣地區公共運輸占14.3%，非機動包括單車與步行占11.6%，其餘74.1%的是汽車與私人運具來達成。台北市公共運輸37.7%最高。2000年的「自行車使用狀態調查」休閒運動與旅行占60.5%、社區活動如購物買菜與接送小孩占26.4%，通勤的只有12.5%。2011年時自行車的旅次只有5%。

對我國自行車政策的建議

推動永續運輸已經成為全球性的風潮，我國近年極力推動永續發展，亦高唱人權立國，卻未將永續交通建設列為首要政策之一環，末始不是一項重大遺憾。

（1）**納入交通政策，推動自行車的示範性計畫**：我國都市人口密度極高，由於大量機動車輛之使用，使都市地區環境品質難以改善，以我國氣候條件、人民生活的習性而言，推動自行車系統實有必要，亦且可行。交通部運輸研究所已有相關的研究報告，對於可行策略部分亦有相當具體可行之建議，惟仍欠缺政策性之決定。首先應吸納西歐各國長年推動自行車之經驗，由示範性計畫開始推動，俟有成效後，再行全面推廣。荷蘭、丹麥、德國的典範案例或可作為借鏡。

（2）**優先與大眾運輸系統配合**：許多先進國推動自行車系統已有相當的成效，亦累積甚多經驗，其中關鍵因素在於中央政府明

確的政策指引。若沒有明確的自行車政策，地方政府零星式的推動，成效難現，將來整合亦有困難。因此，中央政府應將自行車系統正式列入交通建設之中，有計畫地推動，方能見到整體性的效果。最佳的範例：荷蘭政府在1975年即已大力開始推動，十年間投入七十二億美金，1990年全國自行車路網達兩萬兩千公里，全國旅次有27%是靠自行車完成，其效果宏大可見，單車對於都市交通，活動以及環境品質之助益更是不言而喻。

　　推動自行車系統必須以民眾使用便利之角度來設計，故應優先與大眾運輸系統相結合，以滿足民眾行之需求。在社區中先做小範圍的推動，單車道要連結到公共運輸的火車站或巴士車站，逐漸結合民眾常去的公共場合如公園、市場、學校等連成路網，逐步推廣，方期有成。

　　（3）各縣市採用寧靜街（Traffic Calming）的措施：推廣自行車系統必須考量相關配合措施，以創造可行的條件。荷蘭及德國均採寧靜街措施，如在住宅區中改變道路設計，嚴格執行車行速度到每小時三十公里以下，甚至有到七公里，以保障自行車的安全性。（各項寧靜街措施，參見Litman, 1999）。同時，先進國家為了推廣所採行的相關措施，如補貼自行車上路的計畫、推動無車日（Car-free Day）、自行車週（Bike Week）活動、加強學生的自行車教育等等推陳出新，多含創意，不勝枚舉。

　　（4）仿效西方先進國的政策目標與推動計畫：自行車推廣的最大效應可能反映在民眾的生活品質上，都市交通情形得以改善，民眾生活品質明顯提升，證之西方各先進國推動的實務經驗，自行

車系統推展對民眾健康、社區活力、就業機會、經濟活力的創造、與生活環境品質的提升，均有相當良好的成效。因此，各先進國均有相當長期以較高政策目標設定的推動計畫。我國相形之下，顯得落於情勢之後，似乎在推動「永續」政策方面仍有待加強。

為今之計，應推動相關之研究，汲取各國自行車政策的發展經驗，急起直追，迎頭趕上。永續運輸政策的推動在其他永續發展計畫中具有領導性的地位，應該仿效荷蘭與西德諸國，規劃國家級的重點發展計畫，認真推動。自行車系統或非機動運輸應考量納入全國性的運輸政策，訂定長期發展計畫。採用策略應以地區性示範計畫為先導，以都市城鎮發展通勤型自行車網路系統為優先規劃。最後，應與民間學術團體合作，加強永續交通（Sustainable Transport）之相關研究，以提升相關政策規劃及推動之能力。

▶ ▶ ▶ 影音集

① 荷蘭人的單車道歷史
https://youtu.be/XuBdf9JYj7o

② 從美國專家看哥本哈根單車
https://youtu.be/vyrTx9SXkVI

③ 日本單車天空樹（sky tree）
http://cycle-tree.jp

④ 日本地下單車停車場
https://youtu.be/EY2AYA0O-VY

07

永續城市建設的大未來

生活品質大部分仰仗我們如何建構我
們的城市。一座城市的人口密度愈
高，愈多元化，對於機動車輛的依賴
就越少，它所需的資源就越少，對於
自然環境的衝擊也就越少。

——Richard Register

永續城市建設要有整體性的觀念

　　政治人物對市政規劃欠缺高瞻遠矚，沒
有遠見與大格局的思維，只見在行政措施上
枝枝節節的改善，光以為是這樣，就可以全
面地將市政工作，向前推展邁進。都市計畫

學者肯尼士‧史奈德（Kenneth Schneider）曾說過：「不論都市計畫學者或環保人士的意見，最主要的問題不是乾淨的空氣與水、瀕臨滅絕的生物與環境、花費更多錢在都市更新與建造房屋，甚至在能源上，這些問題都是相關的，也許是必要的，但是卻不是最基本的。最基本的是人造環境的結構---城市。要建一座好城市，就是要讓所有的單一事件和諧地整合運作，最重要的是緩解發展上的每一項問題，單獨分開關切單一事項，會使我們陷入更大的環境災難之中。」（Schneider, 1979）

素有城市理論與哲學家之稱的理查‧律基斯特（Richard Register），在1970年代中期就是活耀的生態城市學者，1987年時提出「生態城市」（ecocity）的概念，他經過彙整其他學者的生態城觀念後，列出二十到四十項原則，不過他覺得生態城市必須具備三大要件，就是生活要舒適，城市要美麗，社會要公平。（Register, 1987.p.13）律基斯特也提出一些新觀念，如城市建築物集中高昇，在頂樓要有空中花園，棟與棟之間要有空中步行廊道相連接，路街上方要有自行車道與行人道，超市要提供充足的購物車讓人們推回家中，將購物車留置在人行道上，讓需要購物的人可以將之推回超市等等。

丹麥的建築師與都市規劃專家詹‧蓋爾（Jan Gehl）說：「過去五十年，我們建造的城市採用的是強迫我們生活在汽車、辦公室、與住家之中……這將導致嚴重的健康問題。」他也提出五大要點來規劃設計偉大的城市：第一，要停止建設廉價的建築；第二，要使公共生活變成都市設計的推動力；第三，提供多重感官經

驗的設計；第四，要使交通更公平；最後一項就是要禁絕汽車。
（Diana Budds, 2016.07.11. 訪談紀要）

　　永續生態城市的概念需要認識到市民的需要，同時要兼顧社會、環境、政治、經濟、與文化上的需求，以取得平衡。永續城市包括很多面向：

——公平城市：城市中要有糧食、居宅、教育、健康與希望公平的分配，所有市民都能參與決策，讓市民有機會選擇生活在自已的特殊環境領域之中。

——美麗城市：城中要有藝術、建築與地景，點燃想像力與精神的感召，要讓市民居住生活在美麗的場景之中。

——創意城市：需要開放的心胸與實驗去動員人們的潛能，快速地轉型。

——生態城市：減少生態衝擊，地景與建物要調和平衡，建物與基礎建設要安全與節用資源。

——互動城市：資訊可以交換採用面對面的溝通或在電傳上互動。

——緊湊與多元中心城市：可以保護鄉村，整合社區鄰里，擴大社群關係的緊密性。

——多樣性城市：有廣泛的多樣性活動，可以創造靈感，更可以匯聚生力充沛的公共生活。（Rogers, 1997. pp.167-8.）

　　澳洲知名的建築師保羅·當敦（Paul Downton）在1993年時，也提出十二項生態城市的設計原則（Ecopolis Design Principles），要回復殘破的土地、融入生物區域（bioregion）、平衡發展、停

止都市擴散、使能源績效最大化、貢獻經濟、提供健康與安全、鼓勵社區互動、提倡社會公平、尊重歷史、豐富地景文化、療癒生物圈。（Register, 2002, p.174）

永續城市建設的經濟性功能

1974年時，美國有三個聯邦政府機關，環境品質委員會（Council on Environmental Quality），房屋及都市發展部（Department of Housing and Urban Development），環保署（Environment Protection Agency）共同發起一項研究「城市擴散的成本」（the Cost of Sprawl），取材自全美國的城市，研究發現：高密度社區可以節省50%的土地，45%的投資建物、道路與公共設施的成本，減少45%的污染與汙水排放，節省14-44%的能源，35%的水量，消防隊與其他政府單位的成本也可以下降許多。（Council on Environment Quality, 1974）

改變永續的市政建設的另一項阻力來自於經濟的理由。拿環境品質做為未來爭取的目標，也要顧及就業、健康、住宅、教育等福利的提供，光有鄉野綠樹卻沒有工作可做，實在難以容忍，這種永續做法的改變不會吸引人來參與。因此，環境與經濟併同考量的老問題又重新浮現。

這種結合環境同時兼顧經濟的型態，也許不同於自二次大戰後發展的成長結構，或可稱之為「新經濟」。新經濟的例子在歐洲普遍可見。德國的環境要求標準相當高，在1980-90年代，十年間曾以新經濟型態創造七十五萬個工作，提倡步行、自行車以及公共運

輸，要比建高速公路創造更多的永久性工作。一份WWF的報告「綠色工作：環境政策的雇傭意涵」（Green Jobs: the Employment Implications of Environmental Policy），在結論中提及，歐洲環境部門創造九十六萬兩千多份工作，使環境與經濟得以完全平衡地整合。（Jacobs, 1994）

制度要改變必然曠日廢時

懷特雷哥教授認為，永續發展的政策，需要改變老式的交通政策規劃思維。所謂的老式的交通政策規劃，在大部分已開發國家所呈現的，大多是提供私人機動車輛的需求，而罔顧大眾系統、步行和自行車的需求。在此模式下對於環境的考量只限於單一計畫的「改進」，例如種植樹木以利景觀或在高速公路裝設隔音牆等等。在此情形下，公眾參與的機會很少，交通計畫均由專家規劃，通常要開發馬路只是決定路線，而不是由民眾確認馬路是否要闢建。懷特雷哥教授認為，新式的交通規劃必須考量永續發展的途徑，新的途徑要加進需求管理的概念與永續發展的原則，也要考量社區民眾與地方的需求以取得共識，長途旅行者的需求也要一併考量。（Whitelegg 1997, pp.105-106）

伊利奇教授曾說：「高速行駛是導致交通破壞社會的元兇，只有速度受到節制時，在政治系統與理想的社會關係間，真正的抉擇才有可能實現。參與式的民主需要低耗能的技術，而自由的人民必須以自行車的速度行駛在路上，才有可能產生豐富的社會關係。」（Illich, 1974. p.12）

汽車創造了一連串用車的社會生活型態，幾幾乎所有的活動都與汽車有關，不開車是行不通的，空間的結構以車為構建的基礎，根本不可能採用步行與自行車，甚至去利用大眾捷運系統。在富裕多車的國家如德國、美國，有50%的車行公里數用於休閒渡假，甚至購物也變成一項休閒活動。擁有汽車創造了一種新的移動形式，汽車與其他產品不同，不依賴它變得諸事不順。馬庫斯・漂希（Markus Hesse）簡要地說：「社會整體被汽車困住，因為生活型態是問題的根源，如果想要拔除一籮筐引起機動化過程的因素，解決之道必須要極具創造力。」（Hesse, 1995）

　　拔除用車的因素，談何容易？要改變的機轉是要從整個文化思想全面改變，要重新改變時間與空間的結構是一項曠日廢時的工作，重建地方社區，地方與鄰里服務的吸引力，可能需要一段很長的時間。過去幾乎花了一百年的時間才演進到今天汽車獨霸的生活方式，而且要繼續延展下去，懷特雷哥教授認為，要花三、四十年的時間去改變這種生活方式，不可謂之不合理吧！（Whitelegg, 1997. p.206）羅德尼・托力與布萊恩・特頓（Tolley and Turton）也提到，未來的交通政策也可能受到過去政策的影響，有些政策承諾已然許下，不可能輕易變更，有些政策有效，當然可以維持，也可以考量政治上的支持，一直到未來。（Tolley and Turton, 1995, p.338）

　　提到汽車的種種社會成本，以及對社會各層面的負面影響，令人感到失望。對於已開發國家過去發展汽車文化的路，所走過的錯誤，開發中國家似乎可以不必再犯，西方國家曾投資大量經費於

交通系統上，卻得不到人民的健康、社會的公平以及地區的平衡發展。懷特雷哥教授說道，對於新興機動化的國家（Newly Motorizing Countries）很有可能可以繞過歐洲人過去四十年，北美人過去七十年的交通發展路徑，直接躍進到永續發展的策略，達到節省資源，減少污染，或也要關注到最貧窮的階層。他認為，這種可能性要仰仗歐美國家修正政策方向，減少汽車的使用量作為最主要的前提條件。這裡當然也牽涉到國際政治上的互動問題。如果西方工業國繼續傾銷這種汽車文明到開發中國家，要搶救這種炫耀性的消費文化，開發中國家要有獨立的「文明自覺」，無疑是很困難的。（Whitelegg, 1997. pp.220）說到台灣，也被汽車炫耀式的文明迷惑，不知道何時才會醒來呢？

三大途徑解除用車的依賴性

（1）改進技術面向讓汽車更有效率排廢更乾淨

　　早在1990年代，機械工程師已經在減少汽車排汙上有重大成就，比起1960年代一氧化碳減少96%，二氧化碳減少76%。最可觀的成果在南加州，當地的空汙已完全不見了，1977年間，有208天超過聯邦政府所設定的空汙標準，2001年之後只有36天。雖然科技已有進步，但是仍有10-15%的老舊汽車或因操作不當造成50%的空氣汙染。（Volti 2004 p.138）

　　排廢乾淨並沒有帶來更好的結果。1973-88年間燃油效率倍增，美國卻增加油耗20%，到1995年35%的石油要依賴進口。改進

燃油技術並不能處理空間掠奪的問題，每一輛新增車輛要增加八個停車位，改進汽車燃油效率讓車行旅程變得更長遠，也常使問題變得更形惡化。（Hart, 1990）

（2）經濟性工具讓價格合理化

政治決策人都想讓汽車使用頻率減少，也都想要讓使用者付費，但是，很多證據顯示，對於每一輛汽車的補貼，如道路、停車位、健康成本、汙染成本等初估約300到400美元，即使是前通用汽車公司（General Motor）的副總也都不得不承認，使用者確實沒有做到正確付費。（Johnson, 1994）為了確保使用者正確付費，是很好的經濟學議題，但是在政治上卻有很大的困難，使用者要正確付費，很難落實在政治議程上。但是問題還是要解決，不能指望勇敢的政治家會出現，所提出的策略方案，應更具吸引力，也要更具可行性。新加坡就是個很好的範例，民眾要在購車前要先抽籤並繳應當繳的費用，也曾大刀闊斧地闢建捷運，並努力改善良好的步行環境。北歐各國也有提高汽車使用的費用，嚴格限制汽車使用的措施。

（3）用都市規劃的機制以減少汽車的需求

這是最重要的一點，要用正確的都市規劃方式去減少汽車的需求。

都市學家也是組織理論學者威廉·懷特（William Whyte）認為，歐洲的城市政策遠優於美國，他認為美國人很不重視行人道，

交通號誌專為汽車而設，行人道的鋪面很差，他也舉出一項例證，在紐約市的萊克辛頓大街（Lexington Avenue）上，特別在五十七街與六十一街之間的步行道殘破不堪。他也舉例，在最繁忙的商業街道，在地鐵站門口的人行道只有六英尺寬，道路卻有五十英尺之寬。（Whyte, 1988,p.68）伊莉莎白‧然柏克（Elisabeth Plater-Zyberk）也認為都市擴張是一項很嚴重的都市設計問題，道路擴建也是一項嚴重的社會問題，馬路建得愈多，到目的地的距離愈行愈遠，地景面貌變得模糊不清，逐漸人們忘記步行，人際關係也變得疏遠了。（Flanagan,1991,March 14）

　　路易斯‧曼福德（Lewis Mumford）是汽車時代首先提出步行對策的先行者，他說：「假如我們要認真面對人命，重塑交通系統，我們就應該從人體思考，而且要讓行人更順暢的移動，不僅是為了健康，而是為了讓原有的大群體在短距離之間迅速移動。」（Mumford, 1971）最早宣揚「新都市主義」（New Urbanism）的發起人建築師彼得‧索爾（Peter Calthorpe）也有很強勢的說法，他說：「行人是健康社區的催化劑，他們使城鎮本質如中心與邊緣更多樣化、也促成公共空間變得更有意義……沒有了行人，都市的公共空間如公園、廣場、與行人道，變成對汽車是無用的阻礙」。（Calthorpe, 1991, p.51）

　　1980年代之後的美國，新都市主義變成一款新的潮流，也是一種新的社會運動，結合在城鎮規劃中減少汽車的需求，取而代之的是捷運系統，創造一個理想的步行與自行車環境，透過規劃或有更緊密的土地利用。

在美國有很多的新都市主義的新鎮，如早期第一波最有名的佛羅里達州海邊鎮（Seaside, Florida），自1981年就開啟八十英畝的城鎮建設，當1988年只有幾條街完成時，就已經揚名國際，當地的住宅出現在1988年的電影「楚門的世界」後，一戶從一萬五千美元陡升到二十萬美元，至今大部分的住宅價格都已經超過百萬美元，甚至有高達五百萬美元之譜。（wikipedia）

總而言之，除非讓城市規劃設計上有一套嶄新的價值觀，要建造永續發展的城鎮是很少有希望的。

寧靜街（Traffic calming）的意象概念

（1）早期緣起

早在1965年就有「無車運動」（carfree movement），係來自於瑞典的斯德哥爾摩Alternativ Stad團體的倡議，該市有全世界最貴最好的捷運，捷運系統由港灣口向外延伸呈輻射狀，有105.7公里延伸線，有一百個站點，是全歐洲最長的捷運系統。

世界上最佳的無車示範城市是威尼斯（Venice），克勞福德（Crawford, J.H）對威尼斯讚譽有加，推崇備至，認定世界上沒有城市像威尼斯一樣，可免於遭受汽車的荼毒。威尼斯從十五世紀以降，在各個礁島上自成一個社區，有它自足的社區、教堂、徒步區、中心廣場，靠著跨水域的橋樑往來，連結著各個社區，融成一體。在1945年時，人口約二十萬，到五十年代後，只剩下七萬五千

人，它實際上也是自己限車成功的受害者，但是對於限車環境，加上藝術與古代宏偉建築的寶藏，讓威尼斯成為世界上最著名的觀光景點。克勞福德認為，城市無車化是可行的，但是需要精心的規範設計，一步一步地建設到位。他後來又出版了一本《無車城市的設計規範》（*Carfree Design Manual*），值得台灣參考學習。（Crawford, 2009）

寧靜街概念源自於德文（Verkehrsberuhigung），德國是寧靜街的先驅，推動的不是交通部，而是住宅及都市發展部，因為許多交通規劃專家對寧靜街抱持懷疑的看法。1971年時，在德國已有134條徒步街，到1973年已增至220條，到1976年時已接近340條。（胡寶林，民87，頁234）

寧靜街在1960年代也出現在荷蘭，稱之為「生活庭院」woonerf（living yard），1976年後荷蘭開始建立法制。之後在1980年代因環保團體上街抗議，試圖遏止汽車在市區大肆橫行，其影響力快速擴散於全歐。丹麥在1980年代後期也推出全國性的寧靜街計畫方案。

寧靜街的主要作用：減少都會區的意外傷亡，改進都會區的街道以保障行人安全，減少空汙及油耗，減少汽車獨霸街道，恢復居住的良好空間，減少汽車阻擾行人與單車的運行，藉著創造都市住民良好生活環境，以增進地區的經濟活動。

恩格威區（Engwicht）有更先進的看法，他認為，要找回文明的社會，維繫市民的福祉，在全球化時代找回社區的認同感，重新召回有創意的力量，不再讓過去或者現在專斷（dictate）未來。

（Engwicht, p.10）更進一步的邊際效用，有利於推動都更、住宅更新、綠化美化城市，如德國的弗萊堡市就是個典範。

　　寧靜街的設計不只是技術規範，也是全面性的社會進程，讓城市住民找出問題及解決之道，透過諮商讓居民接受寧靜街的計畫。事實上，寧靜街是一種生活方式，讓居民意識到加強動員，可以發展出更永續的方案，也是大家都可接受的交通解決方案。自1982年起，荷蘭開始全面推展寧靜街計畫，公開宣示要廣闢捷運路線、改善步行環境、推動單車計畫。

（寧靜街的意象圖如下）

（2）一份赴歐考察報告

　　一位英國學者漢密爾頓・貝利（Ben Hamilton-Baillie）曾在2000年7月間到丹麥、德國、荷蘭、瑞典考察，回國後撰寫一份家居區（Home zone）的報告[註1]。他的結論如下：

①英國可以向歐洲各國借鏡的地方很多，最重要的是，要整合高品質的公共空間，提供綠色的交通系統需求。

②家居區可納入較寬廣的都市政策中，衍生出一連串的措施，可以保護城鎮鄉村免遭汽車之荼毒，益增街道與公共空間的品質與安全。

③高品質的示範計畫可以增加公眾的感知與信心，英國應該先策訂高品質的示範計畫。

④安全騎乘自行車是投資家居區建設的首要條件，成功推動步行與自行車政策，要維持步行街道與公共空間適度的平衡，最主要的還是要減少對汽車的倚賴。

⑤在步行區內減少汽車的流量仍是各國關切的重點。

⑥家居區是社會領域與交通領域的整合部分，荷蘭與瑞典均盡可能找出方法去減少交通流量，延伸到社會互動的領域。

⑦在城鎮中控制汽車流量，很少對經濟不利，反而控制交通量卻帶來可觀的活力與繁榮。

　　胡寶林教授也持相同的看法，「卻坦言相道，人才是街道、公園和廣場的舞者，我們出門只見到街道和車輛，難得遇見一個可以伸展四肢，仰望天空的公園和廣場。我們都市舞台的空間好像已經

變成拒絕兒童、老人和弱者的蜀道。都市變成萬馬奔騰的沙場。」
（胡寶林，p.146-147）
（下列台灣街頭的意象圖）

　　我們的政府官員和議員都曾經出國考察，享受過歐洲城市徒步
區悠閒地散步，徒步區將成為進步國家的指標，連香港、蘇州、南
京、上海都有，台灣在這方面為何尚在牛步？胡教授認為，徒步區
是現代都市的一帖救命仙丹，是都市設計的策略。過去十年一些專
家和市民都有設立徒步區的提案，可是98%都遭到商家和議員的反

對，政府單位卻以民調做藉口推卸責任，因為大家都愛車，都擔心街巷車位減少，商家則憂慮門前無車位會影響生意和送貨。在七〇年代歐洲各大城市開始設置徒步區時，也曾遭各方反對，可是二十年後證明徒步區的生意和人氣都升級一日千丈，而且許多店家改營餐飲生意，把座位擺到街心上。（胡寶林，pp.235-238）

（3）寧靜街的效用

①增進行人及街道安全減少犯罪率

提供一個更安全的公共道路，可以讓行人及自行車享有更安全的環境。在哥本哈根實施寧靜街後，增加行人的活動達20%-40%，市中心地區行人活動增加80%，單車增加14%。（Gehl, J. and Gemzoe, 1996）唐納德·阿普爾亞德（Donald Appleyard）在研究舊金山社區時，發現鄰里間的互動交流會因汽車的交通流量大為減少，兩千輛車經過時，有三位朋友，6.3位相識者；當8,000輛車經過時，變成1.3位朋友，4.1位相識者；當16,000輛車經過時，變成0.9為朋友，3.1位相識者。他觀察到汽車很少時，孩童都會到街上玩耍，他們的父母也會與左鄰右舍在街上聊天，但是當汽車在流量加大時，居民減少種花草的時間，只是呆坐在門前階上，失去部分的生活空間後，都想要搬離原住地，也切斷現存的社會關係，犯罪率也因此會跟著升高。（Appleyard, 1997）

②減少交通意外事故

1980年代末，柏林實施寧靜街計畫後減少57%的死亡率、45%重傷害；海德堡市意外減少31%，傷亡漸少44%；荷蘭全境住宅區減少50%傷亡意外，成效非常顯著。（Newman and Kenworthy 1999,p.149）

在美國也有見到成效，宜居社區中心（The Center for Livable Community）在一本報告中提到，西雅圖自1970年就開始實施119項計畫，減少94%的意外事故；波特蘭市也減少50%的意外事故。一家提倡新都市主義的工程公司（Swift & Associates），在1997年時，提出一份研究調查報告，顯示街道愈寬，傷亡愈大，最安全的街寬是24英尺（7.2公尺），1999年時，美國的街道規範寬度是36英尺。新都市主義的設計規範也是要求24英尺。（Newman and Kenworthy 1999, p.149-150）律基斯特（Register）也認同此一的看法，主張要減少街道的寬度，也同時期望在門階前闢出一塊花圃，以減少汽車的撞擊。

③減少噪音及空汙

車輛流動減速後就會自然減少噪音與空汙，以德國為例，自實施寧靜街計畫後，換檔減少12%，煞車減少14%，燃油減少12%。（Hass-Klar 1990）

（4）城中心無車化的最新發展趨勢

自2014年開始，歐洲有六個國家的首要都市，要實施市中心禁車的措施。

挪威首府奧斯陸（Oslo）宣布，自2019年起要改換傳統的汽車，引進電動車，如此將在2020年減少溫室氣體50%。市中心車流量在2019年將減少20%，2030將減少30%。挪威政府要自2025年後禁絕汽油引擎動力的汽車。

法國巴黎2014年春開始，每隔一日限車牌照尾數單雙號進入市區，空氣污染量要下降到三成。2016年七月所有駕駛人開1997年前註冊的車輛，不准在平日駛入市中心區，駛入者要開罰。2016年夏季要將塞納河右岸劃設為行人徒步區。市長承諾，巴黎市的自行車道要加長到兩倍。

比利時布魯塞爾社會黨市長Yvan Mayeur，2015年十一月宣稱，將在最繁忙市中心區的軸線，闢建為市民徒步區，也是歐洲第二大的徒步區，僅次於丹麥的哥本哈根的徒步區。2016年二月宣布，要從2018年開始禁用1998年前出廠的柴油車輛。

西班牙馬德里市自2014年一月開始，對駛進市區的駕駛人開罰，只要在中央市區內沒有住所與登記的停車位者，要罰90歐元，號稱是世界上最嚴厲的罰則。2020要禁車入城中心區，將劃設24條街道為行人徒步區，市府提出永續移行方案（sustainable mobility plan），要減少29%的汽車流量到23%，駕駛人違反交通規則要受罰100美元以上。

過去號稱前十大最壅擠的愛爾蘭首府都柏林（Dublin），宣稱2017年要投入15,000萬歐元的計畫，禁止汽車進入市中心區，兩年內要減少每天汽車通勤率從33%降到20%。

　　義大利米蘭（Milan）在2012年7月末，在市區從早上七點半到晚上七點半，開始要對汽車駕駛人收5歐元，汽車馬上就減少了許多，後來經法院裁決撤銷後，又回到原點。該市副市長在2015年七月宣布，要將歷史建築的附近納入徒步區，再接上原有的兩塊徒步區，逐步向外擴張。（Car-free Times, Issue 80, 2015-12-3. Business Insider, Leanna Garfield, 2016-8-16）

▶▶▶ 附註

1. Home zone是源自於荷蘭woonerf的觀念，此一詞係由C.I. Howarth and Barbara Preston在1990年代早期所提出，目的是為了孩童安全而設計的。
2. 杭州市有世界上最大的公共自行車系統。該系統一期工程於2008年五月一日開通，2009年五月一日一天租借客流達二十萬人次。2012年底，每輛車日均租用量為3.7次。2013年六月，投入使用有約三千個服務點，自行車六萬七千餘輛，日租借人數約而二十三萬人次，並計劃到2020年增加到十七萬五千輛自行車。（wikipedia）
3. 紐約市交通局的預算是二十億美元，有四千七百位員工。
4. 本節取材自TED；也來自Street Film, posted by Clarence Eckerson Jr.

▶▶▶ 影音集

荷蘭都市的交通設計
https://youtu.be/c9kpSlWgtQQ?list=PLB271D0D935C03800

08

我國城市建設的未來展望

> 整個社會被汽車困住了，既然生活型
> 態才是問題的根源，解決之道就必須
> 要很有創意，才能拆解一大堆機動化
> 的過程因素。
>
> ——Markus Hesse

文化人類學家瑪格莉特·米德（Margaret Mead）曾經說過：「不要懷疑一群有觀念與堅持不懈的小團體可以改變全世界，事實上，它也是過去已然發生的唯一事件。」市政管理若要想改革，就是要有嶄新的觀念，堅定恆久的意志力，推動執行才能成功。

永續城市建設的三部曲

第1部曲　將都市社區設計規劃納入公共議程重修規範

市民對於周遭環境潛藏的威脅，欠缺應有的認知，當實體規劃出錯或走偏之時，通常市民會大聲疾呼上街抗議。

城市蔓延是一種病徵，慢慢地形成慣性。人們攻擊它的存在是一項表面徵像，而不是它的實質內涵。城市蔓延的效果會一步一步變成不治之症。

要想控制城市蔓延必須結合區域規劃與交通規劃，將之整合為一。要有健康的社區，交通部必須要將都市交通政策，納入內政部的整體區域規劃與城市土地利用的計畫。

不只是財政問題，他們可能要評估有多少錢可以花在交通事業上，不像教育、警政部門扎下的經費，會有很好的效果，增加高速公路建設可能招致市區的交通更形惡化，多出來的經費可以投入公共運輸計畫，不僅可以減少交通上的問題，也可以創造更多的工作。

當生活品質變成全國性的議題時，設計規劃逐漸變成決策與價值產生的工具，為了使之有效，經過討論的政策必須評估是否有效，也要確立它的正當性。

如果都市社區要從城市蔓延擴散恢復過來，它就需要重修市政規範，過時的法令制度多得不勝枚舉，要重新規劃修訂。大多數城市的市政規劃就是要重新檢討、重修法規，即使是再艱鉅的工作，也要持之以恆，慢慢地一項一項的修訂。

最佳的例證就是英國《13號公共政策指導文件》（*Public Policy Guidance 13*）。國會議員約翰・甘莫（John Gummer）極具環保策略觀，自1993-97年間擔任環境部長時，引進一項嶄新的指導綱要，增加城市發展的人口密度，同時也增加市內的綠地面積，也為了減少私人用車，以發展大眾運輸取而代之。這些政策翻轉了城市擴張的趨勢，同時也鞏固了多元中心的緊湊城市（compact city）。此一指導文件發布，代表英國城市規劃史上的一項大翻轉。（Rogers, 1997. pp.113-4）

第2部曲　市政要更具前瞻性與國際觀做更大區域的規劃行動要本土化

大部分的市政規劃是完全在市政進程中採取被動的反應，經常性的工作係就個案解說法規。所以，最佳的解決方案是諮詢一批專家，請他們提供專業的意見，促成專業的公共計畫，並提供一些誘因，促成私人機構或民間團體去執行。公部門應在具有公益性的公共建設如大型會議中心、體育場館上主動率先規劃，私部門很少對於具有公益的建物有任何興趣，大部分的場館建設是要在有利潤的基礎上，才有可行性。

大區域的規劃應該了解，最具意義性的規劃應從大格局著眼，應有寬廣的視野，初發的動機是要幫助建立美好的社區，而不是一心只想各行其是。一個社區只規畫自己的地盤，卻罔顧其他社區的存在，關閉一個社區的街道只是短暫的解方，也沒有顧及其他社區，造成其他社區的不便。之所以要有較大範圍整合各個社區的配

合，整體行事才能更完美周詳。市政府的考量是要顧及全部社區和全面性的思維，要有整體觀，社區要真正決定它們的未來，需要考量一個全面區域規劃機構的創設。

第3部曲　加強公共參與並力行實踐所倡議的先進觀念

市民參與公共計畫的過程，才是避免犯錯失誤最有效的方法。雖然，部分市政官員有些畏懼與民眾溝通，市民對市政的參與規劃進程，不應與偶發性的參與或強制性的公聽會混為一談，而是要加入社區設計的研討會、市民顧問委員會，不斷地向媒體揭露訊息，不斷地進行意見反饋的程序，周而復始。

這種作法，雖有些困難與苦痛，但必須認知，議事公共化的過程，並不能保證可以得到最佳的結果。事實上，在某些事件上，例如闢建捷運，興建人民負擔得起的合宜住宅，興建特殊族群需求的養老院，公共討論的過程很可能產生錯誤的結果，周遭的居民也可能拒絕地方上不良的土地利用，出來大力反對抗議，即便是指定的區位已經有考量地方的特殊情況。

最主要的是，因為在區域規劃上欠缺公共參與，之所以遭到當地居民反彈，是因為欠缺正確的公共討論過程。決策者一定要根據某些原則行事，例如，居住要正義公平分配，無家可歸人的養護之家要蓋在適當的地點，提供捷運要通達暢行，公共環境如公園，市民廣場要受到保護等等。（Duany et al, 2000, pp.220-226）

參考學習各國的創新典範

先前提到，歐盟在1988年通過一份行人權利的歐洲憲章，其中明白揭櫫，各都市地區提供自行車設施是為市民的一項權利。繼之，在1999年發布一份政策措施指導手冊，鼓勵各國城鎮提倡自行車，極力敦促城鎮首長先改變觀念，積極採用自行車當成上班上學的交通工具。接下來，要探討各國的最新發展趨勢。

（1）丹麥的最新發展

聞名於世的歐洲單車首府哥本哈根，歷經數十年的推展，單車旅次已近五成，仍亟思有所突破。

2012年六月開設完成第一條「單車高速公路」，直接由郊區向市中心的單車道串連，到2015年時已建設二十四條，原先規劃二十六條的其中兩條已不再建設。完成後，全市單車專用道總長超過五百公里，單車使用旅次目標要在短短四年間躍升至五成，也就是說，每兩個人就有一個人是騎單車上街的。各國政要與市政交通主管絡繹於途爭相前往取經，其中包括後來在紐約大規模闢建徒步區與單車道的創新改革交通主管珍妮特·薩迪克和（Janette Sadik-Khan），英國的交通部長安德魯·阿多尼斯（Andrew Adonis），甚至蘇聯總理 德米特里·梅德維傑夫（Dmitry Medvedev）亦在訪客之列。經多年單車基礎建設的推動，根據Monocle生活品質評比，，2014年哥本哈根已躍登全世界第一宜居城市。

（2）倫敦的最新趨勢

　　英國倫敦長期以來一直是歐洲最不環保與永續的城市。1990年代倫敦市有四十萬英畝的市地，有百分之十二的英國人住在倫敦，卻需要五千萬英畝的地方提供資源與消化廢棄物。（Rogers, 1997, pp.111-112）

　　倫敦在2008年單車旅次只有百分之二，市長肯・李文斯頓（Ken Livingston）宣布要闢建單車高速公路，接任的市長波呂思・詹森（Boris Johnson）稱之為「單車革命」（cycle revolution），市政府在辦奧運時大舉興建自行車道，更是雄心勃勃要在2016年闢建完成十二條貫穿市區的單車高速公路，並期望2025年提升單車騎乘率四倍的目標。 自單車高速路2010年七月開通以來，到2013年底，上路的單車人次已高達兩千六百萬。反對的聲浪也不是沒有，但是詹森市長執意要投入九億一千三百萬英鎊，建設十八英里的東西向快速單車道，之前也諮詢兩萬一千五百位市民的意見，獲得84%的贊同。

　　詹森市長要在2016年春天完成南北向與東西向的單車快速道。2014年三月引進市街上第一塊超低排放區（Ultra-low Emission Zone），以改善倫敦市的空氣品質，調查一萬六千市民獲得79%的贊同。同時期，市府也補貼三千萬英鎊開啓迷你荷蘭村計畫（Mini-Hollands Programme），在倫敦市周邊小鎮如Enfield, Kingston, Waltham Forest等地展開。2015年9月執行安全貨車計畫（the Safer Lorry Scheme），以減少對騎單車者與行人的傷害。

2010年二月宣布開啓公共自行車計畫，與有市場行銷經驗的Santander公司合作，要耗資四千四百萬英鎊，也是歐洲最大規模的公用自行車計畫，有一萬一千五百輛公共單車，七百八十四停駐場，公用自行車賦予一個新名號叫Santander Cycle，自2010年以來已經使用過四千萬次以上。（註2）

（3）美國紐約市的創新案例

2007年紐約市長麥可・彭博（Michael R. Bloomber）任命一位交通局主委珍妮特・薩迪克和（Janette Sadik-Khan），紐約市的交通景況從此步入驚天動地的創新改革，開啓一篇嶄新的樂章。（註3）

公共自行車與單車專用道的靈感，是她受到哥本哈根自行車政策的啓發，採用丹麥的模式，將單車道整合到街道中，塗上有顏色的標線及路障，以確保單車騎乘者的安全。在她任期中完成四百英哩的自行車道，全市有五十個市民廣場，公共自行車在她任內有六千輛，三百三十座取車據點，自開通以來已達三百萬次，行駛路程達七百萬英哩，足可繞行地球二十八圈。到2013年時，有一萬兩千輛單車，使用次數高達兩千兩百萬次之多，已是全美最大的規模。紐約市民對於單車道的支持度是64%，對公共自行車的支持度為72%，騎單車者的傷害率減少50%。

公車專用道係仿效南美哥倫比亞首府波哥大的快速公車（BRT），自2007年到2013年在紐約市蓋了六條彩色鋪面的快速車道，長度達五十七英哩，往後還有更多路線的規劃。

最具有創意的是，她啓動了一項最大膽的計畫。她在2009年五月將時代廣場（Time Square）改頭換面，利用六周時間，封閉42街到47街，騰出2.5英畝的廣場，採購很便宜的家俱、座椅、躺椅、花盆、樹盆、裝飾石塊，將路面封閉，塗漆於上變成綠洲（Oasis），讓市民有很休閒的空間，可以在上面談天說笑、看報、喝咖啡、看街頭藝人表演、讓小孩子可以在上面嬉戲。這些物件都是暫時擺放的，隨時可以移開，自2012年二月以後就已經長久固定擺放在步行區。其後續效應是新開張了五家旗艦店，店面租金上漲兩倍，也是世界上排名前十的商業零售營業額的城市。其實，早在1999年大衛恩格威區（David Engwicht） 在收復街道（Street Reclaiming）一書中已有此一創新的想法。

　　她與她的團隊創造了二十六英畝的都市空間留給行人。更具創意的點子是，在八月份的每個周末上午七點到下午一點，封閉公園大道（Park Avenue）七英哩，不讓汽車進入，開放所謂的夏日街道（Summer Street），讓單車族進入，有租單車的店，也讓市民一家老小可以上街休閒輕鬆的逛逛，看街頭藝人表演，讓小孩溜滑板，也供應小點心咖啡。

　　此後她變成紐約的傳奇人物，也是媒體的注目焦點。她的團隊成就獲得很多獎項，如國立公路安全署（National Highway Safety Administration）、環保署（Environment Protection Administration）、李光耀（Lee Kuan Yew）世界城市獎；她個人也獲獎無數，如洛克菲勒基金會（Rockefeller Foundation）、

美國建築師學會（American Institute of Architects）、市政藝術會社（Municipal Arts Society）等。2009年紐約雜誌（New York Magazine）推崇她與羅伯特・摩西（Robert Moses）──紐約市的城市規劃大師以及珍・雅各（Jane Jacobs）齊名。2014年九月單車雜誌（Bicycling Magazine）推崇紐約市是全美最棒的單車城。她開始到處受邀到各地演說，宣揚她的成功故事。此後，美國的波士頓，芝加哥、舊金山，洛杉磯都依循她的模式設計街道，更大的影響力擴散到中美洲墨西哥市，智利的首府布宜諾斯艾利斯。她也將她的故事寫成一本書，《街頭奮戰：都市革命手冊》（Streefight: Handbook for an Urban Revolution）已在2016年三月出版發行。

後續的政績成果：自2009年六月開始，每周五都有The Transportation Alternative Queens Committee 單車成員集結上路，呼籲要讓出單車道的空間，2003-2013年間，行人與單車族有三十八個人死亡，四百五十人受到重傷害。按原訂的計畫時程要在多年後執行，2015年紐約交通局提前宣布，要花一億美元闢建有保護的單車道在1.3英哩的皇后大道（Queens Avenue）上。

2015年六月二十九日（星期一）開始，紐約市的中央公園（有3,411平方公里，從59街往上推到110街）從72街往北的部分整日開始禁止汽車進入。以往在中央公園的行人，不用再擔心汽車穿越公園，造成傷亡與空汙的困擾，這是公民團體歷經三十五年的奮鬥抗議，終得一償宿願，是個中央公園美好的大日子啊！^{（註4）}

值得參照學習的做法

（1）民間團體的建議

2007年七月千里步道籌畫中心曾彙整《民間團體對交通政策的建議書》，提出三大方向的建議：

①積極協助民間共同完成環島千里步道的串聯，建置完成專供自行車與步道使用的國道（已經完成），翻修台鐵舊鐵道與隧道《西班牙聖塞巴斯提安（San Sebastian city）就有用鐵路隧道改變成自行車道的案例》，協助民間漫遊活動與在地深度觀光。（參見Copenhagenize Design Co. Blog）

②二氧化碳排放減量，積極擴建大眾運輸系統，汽燃費隨油徵收、計程車政策、汽機車總量管制，機車出廠限速設計等。

③行人與自行車的路權、自行車白皮書的提出、自行車的法源確認、單車專用道的劃設等。

我國或可參考先進國家的案例及最新發展趨勢，建構永續發展的城市。

（2）佈建我國城市的單車路網

就以台北市及新北市政府為例，兩市政府或可攜手合作參考上述案例，構思創新的推展策略，由大架構著手再佈建區域路網。

首先，可利用現有的高架道路如市民大道、建國南北路，捷運文湖線下面的空間，闢建高架的單車高速公路。通路可以在市區建

立進出坡道，連上社區單車路網。

其次，若是沒有高架路可資利用，也可考慮在較寬敞的街道上方構建有頂棚的雙向高架單車專用快速道。很早以前，在荷蘭的單車計畫中就有高架道的構想；卡達大公國的民眾太過富裕，肥胖度超標，於是要推動自行車道三十公里（2008 Emir of Qatar's Bike Road Plan），以防止心血管疾病，上方頂棚及地面下水管以利抽取地下水降溫。（參見 Copenhagenize Design Co. Blog）挪威也有投資九億三千萬美元的空中自行車道計畫，要建設十條雙線道單車路徑，由市中心通往郊區。（參見影音集：挪威自行車道的最新發展）

跨河道的專用道亦可視橋樑寬度，在橋面上或者在橋面兩旁另行闢建。單車高速公路的路網規劃、號誌、行車規範在國外都已有成例可循，其中不乏創新的巧思，例如在路旁設休息充氣站；單車道上設置小綠燈，隨著路口綠燈的變換加速熄燈，讓單車騎士可以加速通過等等。

雙北市區幅員不大，騎單車上高架路，十公里內的旅程均可在三十分鐘內完成，可以省下不少通勤時間與金錢，汽機車駕駛人也將逐漸改騎單車，市區噪音及空氣品質可大幅改善。高架自行車道不比汽車道，毋須徵用土地，建設經費亦不高，應可在三五年間建成主幹路網。如此，周邊上百公里的河濱單車專用道與市區單車道串連一體，單車的使用效能立即大幅提升，很多人可以跨行政區騎單車上班上學購物，永續交通的理想可望提前實現。如果規劃建設有成，極有可能成為國內外其他城市觀摩學習的典範。

（3）公車改革應有創新思維

就以台北市公車為例，基本上欠缺整體規劃，大多路線要繞來繞去，而以台北車站為中心點，光是火車站附近就有超過190個公車站牌，毋須進站的旅客也強迫去走一遭，因此無法讓民眾享有棋盤式直線間行車的便利，不能直接達到目的地。要改進專用道的缺失，應有整體的改革策略。

多年來，不只是忠孝東西路，大部分北市公車專用道尖峰時刻壅塞，也影響到其他車道，開車與搭車的民眾無不抱怨連連。許多公車專用道有三十線以上的公車穿越，民眾搭乘的便利性卻未見增進。專用道未發揮它應有的功能，係因公車路線規劃重疊甚多，尖峰時刻壅塞情形嚴重，尤其多車進站乘客上下車混亂耗時，抵消甚多它原有的好處。

雙北市政府應考慮引進「快捷巴士」（BRT）的概念，作為當前公車改革的主要指引，以公車專用道為骨幹，尖峰時刻每一兩分鐘一班車，乘客可以像捷運一樣上車，搭到轉乘站下車轉乘其他公車或捷運。

整體而言，北市聯營公車系統基本上是不太有效率的，104年時每日載運約160萬人次，動用約3,200輛公車；而巴西庫里奇巴市（CURITIBA），每天只需2,500輛公車，卻可載運230萬人次。該市的幅員比臺北遼闊一倍，十家公車公司聯營，一票到底，不需政府補貼任何費用。

BRT首創於巴西的庫里奇巴市，後有哥倫比亞的波哥大市發揚

光大，實施有成，揚名寰宇，也引領一股世界風潮。這些年先進國家也甚重視，歐美城市包括洛杉磯、倫敦至少有67個採用BRT，2014年時全世界BRT城市已超過186個，甚至已經超過有地鐵的城市。鄰近國家日韓印尼都有BRT，韓國李明博總統擔任市長時，曾親赴巴西考察，在首爾有大規模的BRT推動計畫。大陸也有包括北京在內20個城市展開公車捷運化，建設的專用道近千公里。上海為舉辦世博會，眼見蓋地鐵緩不濟急，曾大規模推展BRT以為因應。

　　實際上，台北市已具有公車捷運化的潛力。現有的公車專用道，以及悠遊卡的電子收費系統，已提供公車捷運化的基本條件。目前所欠缺的是先進觀念、明快決策，以及創新的策略規劃。

　　全球許多城市的公車捷運化，其進步的程度與推陳出新的做法，已經超乎一般人的想像，且不乏相當成功的實例，而我們只做到專用道的初階利用，殊不知已落後世界潮流有多遠。

　　北市捷運系統正在第二階段建設，交通局不應等捷運完工後才要開始改革公車系統，即使近年可以完成營運里程131.2公里，營運車站共117站，仍然無法構成完整路網，唯有利用公車捷運，可以在很短的期間擁有完整路網。公車捷運化規劃建置頗具彈性，也可以在很短的時間內完成規劃，付諸實施，其建設成本相當低廉，甚至不需中央補助，台北市與新北市政府自己就可以聯合推動。

　　為期快速推動改革，市政府可以參考下列作法：

　　①立即派遣交通局及都發局的官員，前往庫里奇巴市以及波哥大市，觀摩研習公車捷運化的系統作法。

　　②會同交通部運研所，研究各國採行公車捷運化的先進政策作

法及新趨勢，最好能促成交通部發展全國性的推動策略。

③以現有專用道規劃建置BRT專線，同時整併公車路線，初期甚至可供免費搭乘或轉乘優惠，由轉乘收費共同分擔以為過渡，學習規劃推動經驗。

④給新系統取一個響亮名號，如「快捷線」、「新速線」，藉以擺脫「公車」的刻板印象，給市民一些新感受，吸引更多民眾搭乘。

總之，現任市長可以立即付諸實施，讓雙北市的聯營公車捷運系統大放光彩，此項創新措施若有成效，也可作為全國城市的示範，益增北市與新北市的國際能見度。最重要的是，市民及城市訪客得以在最短期內真正享有行動生活上的便利。

台灣機車的禍害與解方

先前所討論的主題是永續城市與汽車，在台灣，機車也是一項值得重視的問題，慢慢地已經形成一股「機車文化」。

台灣在2015年12月底機車數量高達近一千五百萬台，其中汙染較汽車高出數倍嚴重的二行程機車仍有兩百萬台左右，且以「機車密度」每平方公里高達三百八十台之譜，台灣高居全球第一。根據交通部在104年10月做的一項普查，每部機車行駛公里數每年為3.1萬公里，一天約11.5公里，每星期約4.9天，每天行駛約51.8分鐘，每日油耗約新台幣100.4元。機車平均車齡約10.5年。

交通部2016年四月發布一份「機車政策白皮書」，機車死亡的人數占交通事故的六成，2014年達1,111人，受傷人數達80%，2014

年達352,481人。按內政部警政署的資料，民國九十二年至一百零二年間，機車騎乘者的死亡率占各類運具的58.7%，也是最高的比例；同期間，各類運具受傷人數比，也是機車騎乘者最高，達81.7%。

2015年十二月六日中國時報社論呼籲，政府要面對如何減輕PM2.5，其實更該著力的是在交通運輸上，其中機車更扮演關鍵性的角色。台灣「機車文化」其來有自，雖然不能否認其為民眾帶來的便利，但其帶來的汙染更為可觀。政府正可以用政策引導，加速淘汰老舊的機車，特別是汙染嚴重的二行程機車；雖然現在政府有給予報廢二行程機車1,800元的補助，但整體而言，汰換速度仍不夠快，可見市場誘因依然不足。政府應考慮對一定年限以上老舊機車、特別是二行程機車加稅，以提高牌照稅等方式提高繼續持有成本，讓民眾願意加速淘汰汙染較嚴重的機車。

既然政府難以立即改變台灣的「機車文化」，至少該設法將其導引到增加使用無汙染的電動機車上。政府為了扶植產業與降低都市汙染，補助民眾購買電動機車已有四年以上，補助金額因不同縣市而有異，但金額少則一萬，多則兩萬元以上，坦白說，補助金額不算少，但成效極差，幾年下來，國內電動機車數量只有四萬台左右而已，國內機車業者亦未全力投入電動機車，更讓其發展停滯不前。

究其原因，除了電動機車本身技術上的障礙之外，包括續航里程與最高時速都尚難與一般機車相比，更重要的因素應該是充電問題無法解決。相較遍布全台的加油站，電動機車的補充站實在太少了，才使民眾為之卻步。政府應全面規畫解決電能補充站，以提升電動機車使用比率。

新創企業GOGORO推出號稱智慧型的電動機車深受矚目，其續航力與速度問題大致得到解決，且與超商系統合作設置電能補充站，但前景仍充滿挑戰，政府應予協助。此外，更應以全台加油站作為充電或交換電池的地點，以推廣電動機車。

　　台灣每年增加的機車大概在七十萬台左右，如果政府全力投入推廣電動機車，必可吸引廠商願意作更多的投資與研發，不僅可在幾年內有效降低PM2.5的汙染，讓台灣不再「紫光閃閃」，更可順勢協助並帶動國內的電動機車產業。都市化使得人口越來越密集，汽車數量不斷增加，民眾希望馬路越闊越多，停車場到處都有，但都會區寸土寸金，這樣的夢想恐怕是奢望。從北京、上海、首爾、馬尼拉到孟買等大都會，塞車幾乎是家常便飯。

　　眼看著塞車問題越來越嚴重，腦筋動得快的人馬上想出解方。紐約出生的創業家蘇利文（Sean O'sullivan）於2007年開辦共乘服務公司Avego（2013年改名為Carma），提供共乘服務APP，民眾須加入會員，搭車時先在手機上搜尋同路線的共乘車，抵達目的地時，Avego會自動轉帳，把約定款項從乘客帳戶轉向駕駛人帳戶，一切透明化。

　　對蘇利文而言，如果每輛車只有駕駛一人乘坐，其他座位閒置，那些座位都是商機。2011年美國華盛頓州政府與Avego合作推出即時共乘平台測試計畫，提供參加者每月三十美元的補助。蘇利文開發的共乘APP獲得美國ITS智慧解決方案獎。

　　為紓解市區交通，倫敦、新加坡都開徵塞車費，但若要在台灣推動，阻力重重。倫敦除了祭出棍子，也提供紅蘿蔔。2012年倫敦

市與回收銀行（Recyclebank）合作推出綠色交通APP，鼓勵民眾使用大眾運輸、單車和步行，凡是註冊者，每天使用綠色交通，給予積點，累積一定積點可以換取禮物，或消費折扣。

倫敦市的目標是，在2025年之前，市民騎單車比率增為2000年的四倍。參與民眾可以從綠色交通APP查詢自己每天消耗的卡路里，節省多少碳排放，還可以獲得贈品，相當有誘因。

針對都會區嚴重塞車問題，台大土木系教授張學孔建議，民間可以開發共乘APP，由市政府、公家機關、科學園區先開始實施，參加者須登錄為會員，由於是同事關係，可以化解安全疑慮。為鼓勵共乘，可以搭配綠色積點獎勵，民眾累積一定積點可以扣抵其他大眾運輸費用，或消費折扣。此外，在配套措施方面，乘客的安全必須有保險規畫。

大眾運輸、單車與步行構成綠色交通的核心，共乘是綠色運輸選項之一。政府除了取締、處罰之外，也該針對綠色交通提供獎勵。台灣號稱科技島，資通訊人才濟濟，絕對有能力開發共乘APP，政府要做的是提供完善配套措施，讓這類創新服務能夠推廣，協助改善塞車問題。

台灣貨運車需嚴格規範與疏導

小客車並不是唯一的禍害，要解決大小貨車的問題更為棘手，但是，貨車對於城市是不可或缺的重要運輸工具。2014年台灣地區營業貨運車82,302輛，載貨量達542百萬公順之譜，意味著有更多的服務與就業工作。

貨運車在瑞士禁止超過二十八公噸；在英國，1992年時貨運車限制在三十八公噸以下，車長不可超過16.5公尺。在英國如果超過三十八公噸百分之十，會收到罰單一百六十英鎊，讓政府收到一萬英鎊，超載將會使百分之六十的道路受到損害。1986年時，在美國278,000意外事故與貨卡有關，比1982年時多了22%，原因是貨運車愈做愈大。（Zuckermann, pp.138-140）

　　在日本，大貨車有「柏油碎石戰士」（Tarmac Warrior）的綽號，在夜間常用小霓虹燈妝點成古剎、佛像，名人像也附帶音樂，讓夜間貨卡的亮度增加，可以防止行人受傷，也是不錯的點子。網購流行後，貨運車送貨量遽增，在日本都用小型電動車送貨，也用電動機車送貨，既無煙塵又靜音，不會吵到鄰里，值得學習。

　　祖克曼（Zuckermann）也提出一些建議，政府要與貨卡司機工會溝通、多設點檢查是否超重並增加或增加貨卡捐、多用鐵路運輸、城中要多用小型貨車、運輸距離要縮短，在葡萄牙長距離的貨運要課重稅。（Zuckermann, pp.141-142）

▶▶▶ 附註

1. Home zone 是源自於荷蘭woonerf的觀念，此一詞係由C.I. Howarth and Barbara Preston在1990年代早期所提出，目的是為了孩童安全而設計的。
2. 杭州市有世界上最大的公共自行車系統。該系統一期工程於2008年5月1日開通，2009年5月1日一天租借客流達二十萬人次。2012年底，每輛車日均租用量為3.7次。2013年6月，投入使用有約3,000個服務據點，自行車67,000餘輛，日租借人數約23萬人次，並計劃到2020年增加到175,000輛自行車。（wikipedia）
3. 紐約市交通局的預算是二十億美元，有4,700位員工。
4. 本節取材自TED；也來自Street Film, posted by Clarence Eckerson Jr

▶▶▶ 部落格／影音集

①部落格：Copenhagenize Design Co.
http://www.copenhagenize.com
1. San Sebastian city tunnel bike way-07 August 2009
2. 2008Emir of Qatar's Bike Road Plan-27 August 2008

②倫敦東西向單車高速路
https://youtu.be/Thyy2-J-BFw

③珍妮特・薩迪克和(Janette Sadik-Khan)在TED的演講
https://youtu.be/LujWrkYsl64

④紐約市街的巨大轉變
https://youtu.be/Osn0QmGBcrw

⑤挪威自行車道建設的最新發展
https://youtu.be/gb4JxjeoqGU

①
②
③
④
⑤

參考書目

中文部分

交通部運輸研究所（1997）。腳踏車系統可行性研究暨先期規劃。含一技術報告附冊。

交通部運輸研究所（1999）。腳踏車專用道之規劃研究。

李永展（2003），永續發展：大地反撲的省思，巨流圖書。

吳信如譯（2002），綠色資本主義—創造經濟雙贏的策略，天下雜誌出版。〈Paul Hawken, Amory and L. Hunter Lovins, Natural Capitalism: Creating the next Industrial Revolution, Common Wealth Magazine Co.,Ltd.1999〉

林大煜等（2000），交通事故與交通違規之社會成本推估研討會論文集，交通部運輸研究所。

胡寶林（1998），都市生活的希望：人性都市與永續都市的未來，台灣書局。

許添木（2002），「交通環保策略：綠色交通之發展」，在歐陽嶠暉編，2000年民間環保政策白皮書－環境保護篇。

郭瓊瑩（2002），台灣地區自行車道系統規劃與設置，行政院體育委員會。

楊永鈺譯（2002），你還在開車嗎？：城市與生態的一場豪賭，新自然主義出版。（Durning, Alan Thein（2001）The Car and the City:24 Steps to Safe Streets and Healthy Communities, Northwest Environment Watch.）

魏啓林編（1991），致台灣的頭家－影響你我前途的國家政策，台北：行政院研究發展考核委員會。

藍武王（1996），小客車持有與管理措施之研究，行政院研究發展考核委員會。

英文部分

Advertising Age, September 29, 1996.

Alexandra Allen, "The Auto's Assault on the Atmosphere", *Multinational Monitor* (1990):23.

Appleyard, Donald. (1981) *Livable Streets*, University of California Press, Berkeley.

ASIA DEVELOPMENT BANK (2008), Non-Motor Transportation-Policy and Options.

Boulding, Kenneth (1966), "The Economics of the Coming Spaceship Earth". (This famous paper was presented at the Sixth Resources for the Future Forum on Environmental Quality in a Growing Economy in Washington, D.C. on March 8, 1966.)

Calthorpe ,Peter "The Post-Suburban Metropolis," *Whole Earth Review*, No.73, (Winter. 1991), *Car-free Times*, Issue 80, (2015-12-3.)

Cervero, Robert (2013), *Bus Rapid Transit (BRT) :An Efficient and Competitive Mode of Public Transport* , University of California.

Christensen ,Karen (1990), *Home Ecology :Simple and Practical Ways to Green Your Home*, Golden, CO: Fulcrum Publishing.

Christine Gorman, "Mexico City's Menacing Air," TIME Magazine, (April 1,1991)

Crawford J. H . (2000), Carfree Cities , Utrecht: International Books.

Crawford , J.H. (2009)   Carfree Design Manual, Utrecht International Books.

Engwicht, David (1999) Street Reclaiming: Creating Livable Streets and Vibrant Communities, New Society Publishers.

Flanagan, Barbara, "A Massachusetts Mall is Just Disappeared," *The New York Times*, (March 14,1991.)

Gehl, J. and Gemzoe, L. (1996) Public Spaces, Public life. City of Copenhagen.

Hall ,Peter (1988), *Cities of Tomorrow: An Intellectual History of Urban Planning and Design In the Twentieth Century* , Oxford: Basil Blackwell.

Hamilton-Baillie, Ben (2000), Home Zones Reconciling People, Places and Transport Study Tour of Denmark, Germany, Holland and Sweden .

Hardin, Garrett, "The Tragedy of the Commons", *Science*, Vol. 162, No. 3859 (December 13, 1968), pp. 1243-1248.

Harris , Marvin *(1975), Cows, Pigs, Wars and Witches: The Riddles of Culture.* London: Hutchinson & Co.

Hass-Klau, C. (1990) The Pedestrian and City Traffic. New York: Belhaven Press.

Hesse, M. (1995) "Urban space and logistics: on the road to sustainability" , World Transport Policy and Practice, vol.1 no.4.

Hillman, Mayer. (1992). *Cycling: Towards Health and Safety*. BMA, Oxford University Press.

Illich ,Ivan (1974), Energy and Equity, New York: Harper and Row.

Jacobs, Jane (1961), The Death and Life of Great American Cities, New York:

Random House.

Jacobs. M. (1994) "Green Jobs? The Employment Implications of Environmental Policy," (Brussel: WWF)

Jensen, Niels (2009) How Copenhagen Become a Cycling City, The Technical Environmental Administration.

Johnson, E. (1994).Avoiding the collision of cities and cars: Urban transportation policy for the twenty-first century. American Academy of Arts and Science. Chicago.

Kay ,Jane Holtz (1997), Asphalt Nation: How the Automobile Took Over America and How We Can Take It ,University of California Press.

Kunstler, James Howard (1993) The Geography of Nowhere: The Rise and Decline of America's Man-Made Landscape, New York: Simon and Schuster.

Lightermeet, Dirk, (2006) Continuous and Integral: The Cycling Policies of Groningen and Other European Cycling Cities, Tietberaad.

Litman, Todd (1999), "The Cost of Automobile Dependency and the Benefits of Balanced Transportation", Victoria Transport Policy Institute.

Litman, Todd, (1999) "Quantifying the Benefit of the Non-Motorized Transport for achieving TDM Objective." Victoria Transport Policy Institute.

Litman, Todd. (1999). "Traffic Calming : Benefits Costs, and Equity Impact." Victoria Transport Policy Institute.

LOS ANGELES TIMES, 2002-12-8

Maddison, David. et al. (1996)Blueprint 5-The True Cost of Road Transports, London: Earthscan

Mann, Eric (1991) L.A.'s Lethal Air , Los Angeles: Labor / Community Strategy Center.

McHarg, Ian (1969) Design with Nature, N.Y. :Natural History Press.

Mckibben, Bill (1995) Hope, Human and Wild: True Stories of Living Lightly on the Earth, Little Brown and Co.

Meadows, Donella " The City of First Priorities," in Whole Earth Review (Spring,1995)

Miscellaneous Facts (2004). World Almanac Education Group Inc.

Mumford, Lewis, "Transportation :A Failure of Mind, " The New York Times, March 15,1971.

Pravetz, Jim. (1995). A Review of Bicycle Policy and Planning Developments in Western Europe and North America-A Literature Search, Government of South

Australia.

Pucher, John and Ralph Buehler, (2008) Making Cycling Irresistible, Transportation Review, Vol. 28.

Pucher, John and Clorer, S. (1992) "Taming the automobile in Germany", Transportation Quarterly 46 (3):383-395.

Rabinovitch, Jonas and Josef Leitman, " Urban Planning in Curitiba," Scientific American, (March 1996)pp.46-53.

Ralph Buehler, John Pucher, (April,2009) Sustainable Transport That Works: Lessons from Germany, World Transport Policy &Practice , vol.15, no.1.

Register, Richard (1987), Ecocity Berkeley: Building Cities for a Healthy Future, North Atlantic Books.

Register, Richard (2002), Ecocities : Building cities in Balance with Nature, Berkeley Hills Books.

Rifkin, Jeremy (1980), Entropy: A New World View with Ted Howard (afterword by Nicholas Georgescu-Roegen), Viking Press.

Rogers, Richard (1997) Cities for a Small Planet, Faber & Faber Ltd.

Roseland ,Mark (2005), Toward Sustainable Communities, rev. ed. New Society Publishers.

Schumacher, E.F. (1973) Small is Beautiful: Economics as if People Mattered, New York: Harper and Row.

Schneider, Kenneth (1979) On the Nature of Cities, San Francisco: Jossey-Bass Publishers.

Seiler, Cotten (2008), Republic of Drivers: A Cultural History of Automobility in America, The University Chicago Press.

Team Oregon LLC (2001). Sustainable Development: Action Plan and The Oregon Experience Council for Economic Planning and Development, Taiwan, R.O.C.

TIME Magazine, January 2, 1989.

Tolley, Rodney (1990). The Greening of Urban Transport: Planning for Walking and Cycling in Western Cities. Belhaven Press.

Tolley, Rodney and Brian Turton, (1995), Transport Systems, Policy and Planning: A Geographic Approach, London, Longman.

Volti, Rudi (2004), Cars and Culture : the Life Story of a Technology, Greenwood Press.

Whitelegg, John, "Do Something Outrageous: Drive a Car Today, " Manchester

Guardian, (August 3,1993.)

Whitelegg, John (1997). Critical Mass: Transport, Environment and Society in the Twenty-first Century. London: Pluto Press.

Whyte, William H. (1988) City: Rediscovering the Center, New York: Doubleday.

Zuckermann, Wolfgang (1993) End of the Road: From world Car Crisis to Sustainable Transportation, Chelsea Green Publishing Company.

Do觀點48　PF0199

馴服汽車
建構永續城市的主要策略

作　　　者／何沙崙
責任編輯／鄭伊庭
圖文排版／周政緯
封面設計／葉力安

出版策劃／獨立作家
發 行 人／宋政坤
法律顧問／毛國樑　律師
製作發行／秀威資訊科技股份有限公司
　　　　　地址：114 台北市內湖區瑞光路76巷65號1樓
　　　　　電話：+886-2-2796-3638　傳真：+886-2-2796-1377
　　　　　服務信箱：service@showwe.com.tw
展售門市／國家書店【松江門市】
　　　　　地址：104 台北市中山區松江路209號1樓
　　　　　電話：+886-2-2518-0207　傳真：+886-2-2518-0778
網路訂購／秀威網路書店：https://store.showwe.tw
　　　　　國家網路書店：https://www.govbooks.com.tw

出版日期／2017年7月　BOD一版　定價／280元

|獨立|作家|
Independent Author

寫自己的故事，唱自己的歌

馴服汽車：建構永續城市的主要策略 / 何沙崙著 -- 一版.
-- 臺北市：獨立作家, 2017.07
　　面；　公分
BOD版
ISBN 978-986-93630-6-8(平裝)

1. 都市計畫　2. 永續發展　3. 交通政策

545.14　　　　　　　　　　　　　　　105019098

國家圖書館出版品預行編目

讀 者 回 函 卡

感謝您購買本書，為提升服務品質，請填妥以下資料，將讀者回函卡直接寄回或傳真本公司，收到您的寶貴意見後，我們會收藏記錄及檢討，謝謝！如您需要了解本公司最新出版書目、購書優惠或企劃活動，歡迎您上網查詢或下載相關資料：http:// www.showwe.com.tw

您購買的書名：_____

出生日期：_____年_____月_____日

學歷：□高中 (含) 以下　　□大專　　□研究所 (含) 以上

職業：□製造業　□金融業　□資訊業　□軍警　□傳播業　□自由業
　　　□服務業　□公務員　□教職　　□學生　□家管　　□其它____

購書地點：□網路書店　□實體書店　□書展　□郵購　□贈閱　□其他

您從何得知本書的消息？

　□網路書店　□實體書店　□網路搜尋　□電子報　□書訊　□雜誌
　□傳播媒體　□親友推薦　□網站推薦　□部落格　□其他_____

您對本書的評價：(請填代號　1.非常滿意　2.滿意　3.尚可　4.再改進)

　封面設計____　版面編排____　內容____　文／譯筆____　價格____

讀完書後您覺得：

　□很有收穫　□有收穫　□收穫不多　□沒收穫

對我們的建議：_____

_____

_____

_____

11466
台北市內湖區瑞光路 76 巷 65 號 1 樓
獨立作家讀者服務部　　　收

....

（請沿線對折寄回，謝謝！）

姓　　名：_____　年齡：_____　性別：□女　□男

郵遞區號：□□□□□

地　　址：_____

聯絡電話：(日) _____ (夜) _____

E-mail：_____